智元微库
OPEN MIND

成长也是一种美好

自进力

创业者持续进化的六项法则

吴世春　著

人民邮电出版社
北京

图书在版编目（CIP）数据

自适力 : 创业者持续进化的六项法则 / 吴世春著
. -- 北京 : 人民邮电出版社, 2022.11（2023.9重印）
ISBN 978-7-115-60330-2

Ⅰ. ①自… Ⅱ. ①吴… Ⅲ. ①创业－通俗读物 Ⅳ.
①F241.4-49

中国版本图书馆CIP数据核字(2022)第200384号

◆ 著 吴世春
责任编辑 刘艳静
责任印制 周昇亮
◆ 人民邮电出版社出版发行 北京市丰台区成寿寺路 11 号
邮编 100164 电子邮件 315@ptpress.com.cn
网址 https://www.ptpress.com.cn
涿州市京南印刷厂印刷
◆ 开本：720 × 960 1/16
印张：16 2022 年 11 月第 1 版
字数：200 千字 2023 年 9 月河北第 8 次印刷

定价：78.00 元

读者服务热线：（010）81055522 印装质量热线：（010）81055316

反盗版热线：（010）81055315

广告经营许可证：京东市监广登字 20170147 号

赞誉

“物竞天择，适者生存”是物种进化的一种法则，对创业者来说，能否不断适应市场环境的变化，不断学习，不断创新，提高自己的经营能力，才是生存下去的根本。在当今充分竞争的市场环境中，自适力不但是创业者的必备能力，更是其核心竞争力。《自适力》的出版，恰逢其时，我向广大创业者、企业经营者推荐此书。

——牛文文　创业黑马集团董事长

作为一位创业者、企业的经营者，最难的就是永远抱有应变之心，紧跟时代的步伐，顺应市场的变化，适时调整自己的经营策略和措施，这就是我们常说的自我进化的能力。作者将此称为“自适力”，在《自适力》一书中不仅对此概念进行了理论阐述，还提出了获得这种能力的办法，我觉得总结得特别好，推荐此书。

——罗振宇　得到创始人

无论初创企业还是一家成熟企业，如何永葆活力、持续增长都是其必须面对的商业难题。《自适力》一书给出了完美的答案，那就是改变自己，适应外部环境的变化，不断地学习和创新，提高自身的生存能力。对创业者和企业经营者来说，这是一本很值得阅读的书。

——吴声　场景实验室创始人

世春是一个知行合一的人，他富有智慧但并不躺在经验主义上面，也不沉迷于自洽的逻辑里，而是一直在适应环境、适应市场，不断提升自己。他毫无保留地将自己的进化心得写入了《自适力》一书中，为创业者持续进化指明了方向和路径。

——姚劲波　58 集团创始人

企业如何“活下去”？“自适力”很重要。在书中，世春总从 6 个方面进行了解读，真诚且实用，有助于创业者持续进化，提高自适力，从而打破固有认知，拥抱非共识，拥抱新领域，拥抱跨界创新，拥抱新生活。

——倪正东　清科集团创始人、董事长

从《心力》到《自适力》，世春作为创业导师总能在必要的时候给大家希望和信心，成为创业者的“眼睛”“肩膀”和“桥梁”，帮助大家获得适应新环境的力量，对抗不确定性及变数。

——李彦　小牛电动 CEO

自序

新冠肺炎疫情前，市场处于增量竞争时代；疫情后，市场进入了存量竞争时代。

“收缩”“裁员”“求生”，真实地反映了一些企业的生存现状，这些年我一再告诫创业者，疫情之后创业只会更难，不要抱有幻想。但是，即便是在寒冬里，也有顽强的、耐寒的生物种类在成长、在进化。换言之，创业者要增强自身适应环境的进化能力，即自适力。

自适力是一种极为重要的品质，它不仅能帮助我们在动荡的环境中找到自己的定位，也能让我们在面对困难和挫折时迅速调整心态和状态，明晰“活着的意义”。从这个角度讲，自适力是一种顶级心力。纵观王阳明先生的经历，你会发现，他的一生是在种种困难、重重困境，甚至各种危机中度过的。而他做到了“君子无往而不适”，最终成为一代圣人。因此，在当下的市场大环境中，每个创业者必须锻炼自己的自适力。

面对逆境的反应与选择，往往是创业者成败、胜负的分水岭。我们很难改变外部环境，但可以掌控自己的心态。“世自乱而我心自治，斯为正道”，越是在动荡和不确定的环境里，越要找到自己内心确定的东西，用自适力和心力应对逆境和不确定性。问题越严峻，竞争就越有限，对问题解决者的回报就越大。

那么要去适应什么呢？在我看来，可以从对外和对内两个角度来理解“适应”。

对外，是指客户端。阳明心学最核心的思想之一是“致良知”，如果把它放到现代的商业市场中去解读，那么最合适的解释便是“创造价值”。创竞市择，只有近乎疯狂地为用户、为合作伙伴、为员工、为社会创造价值的创业者和企业才更有价值，才能穿越寒冬。

因此，每一个认为自己是行家里手，但又觉得自己碌碌无为的创业者，都必须保持长期主义，放弃追逐短期的风口，不再被外界各种信号干扰，不再为筹码而焦虑，为单兵作战而感到孤独，而应该把“创造价值”放在第一位，回归朴素的基本常识：最好的产品是专业，最好的渠道是人品，最好的生意是复购，最好的管理是分钱，最好的壁垒是复利。

对内，是指创业者自身的成长进化。在生物进化史中，每当自然环境恶化时，大多数物种的进化速度会加快，而那些拒绝进化、不能进化的物种一定会被淘汰，变为完成进化的物种繁衍生息的滋养肥料。创业也是如此。

根据多年的创业经验和投资经验，我把生物进化论融入创业者个人成长中，总结出一套创业进化论。与生物学进化论的本质一样，创业进化论也遵循这八个字：优胜劣汰，适者生存。

为了更好地帮助创业者在恶劣的环境中实现进化，我把创业进化论细分为战略、心力、认知、格局、连接、成长六大模块，构建了一个“自适力”进化模型。这个模型将由内而外地剖析合格的创业者应该具备的素质与能力，并结合实际案例帮助创业者去理解、去提升。

成长是一个艰难的过程，进化则是一个难上加难的过程。不管是在生物界，还是在商业领域，都有很多事例可作为前车之鉴，不进化就会被环境淘汰。从这个维度讲，任何一名迎难而上、开启自我进化之路的创业者，都具有值得我们尊敬的勇气。在存量竞争的世界里，这份勇气鼓励创业者“敢为天下先”，敢于开创属于自己的事业。

需要强调的是，“自适力”进化模型不只是适用于创业者个人的进化方法，更是一种适用于个体到团队、由点到线再到面的成长理念。同样以生物进化为例，在恶劣的成长环境中，如果只是某单一个体进化出优秀的基因，却没有在群体中得到延展，那么对整个群体来说，这个基因是没有太大意义的，因为它不能帮助群体渡过难关。当群体灭亡时，再优秀的个体，也会跟随群体而消亡。在自然环境中，并不存在彻底的“独善其身”，一个人能被看见、能脱颖而出，都不是单纯依靠个体力量。

因此，创业者不应该盲目地自我进化，而应该把进化的过程和结果反馈到整个团队中，带领团队共同成长、进化，这才是我提出创业进化论最初也是最终的意愿。

具体来说，创业者可以思考以下几个问题。

1. 如何把踏实的个体变成一个有战斗力的团队？
2. 如何把专业的知识设计成有价值的产品？
3. 如何让团队一边成长一边赚钱，实现自我驱动及团队内部的互相驱动？
4. 如何让客户心甘情愿地买单，用口碑代替营销？
5. 如何让企业保持每年 30% ~ 50% 的增长率？

不管你想问的问题是什么，你成长、进化的具体路径是怎样的，你最终要达成的目的都是：让客户爱你，让团队追随你，让朋友认同你，让家人相信你，让资本流向你；让世界因为你的创造、坚持与勇气变得更美好。

最后，再送给大家一个“成功方程式”。

心＋想＋事＝成

其中，“心”是指心力、心态，“想”是指认知、思考，“事”是指创业者要去执行、去做事，“心”“想”“事”三者合力，才能“心想事成”。

感谢一路走来与我同行相伴的大家。

拼搏人生，创业值得。

目录

第一章

自适力，化危为机 001

进化就是自适，自适力就是进化的能力 003

创竞市择，适者生存 011

创业进化的四种目标 017

创业进化的五个要素 024

创业进化的六种方式 030

自适力的六个要素 038

第二章

战略：为创业进化指明方向 043

战略就是知行合一 045

战略成功落地，需要四种能力 051

守正不图奇：朴实的战略才是王道 060

专注！专注！专注 064

第三章

071 心力：创业进化的力量之源

073 有能力者强，有认知者胜，有心力者远

078 提升心力，需要“不断加难度的”一万小时定律

087 心怀热爱，夯实心力

093 将内卷转化为心力进化的动力

101 掌控情绪，向内观照，探寻心力航标

106 敢于放弃坚持，是心力的一种高级体现

第四章

111 认知：决定创业进化的高度

113 人的一生，都在为认知买单

119 群体进化，提升认知的绝佳通道

126 终身学习，打破认知之墙

131 只有认知市场，才能适应市场

第五章

137 格局：锚定创业进化的广度

139 格局 = 人生信念 + 志向高度

145 格局决定人生成长的天花板

150 蘑菇、大象、火鸡：格局的三重境界

158 不自我设限，方能提升格局

164 致良知：创业需要温度

168 清晰的大局观是高效战略的前提

第六章

连接：拓宽创业者圈层 173

互惠互利，建立真实有效的连接 175

在利他基础上，建立成功大厦 180

成功连接上下层，形成势能 184

优化个人品牌，建立更强的用户连接 188

第七章

成长：创业进化的最终追求 193

构筑能量“补给站” 195

正视风险，驾驭风险 201

大带宽与聚焦并行 205

提高容“蠢”度，提升发展可能性 211

相信直觉，警惕直觉 216

附录

与创业心学黑马实验室学员的十问十答 221

参考文献 233

案例索引 235

后记 239

自适力

第一章

自适力，化危为机

自然界的生物进化法则是“优胜劣汰，适者生存”，商界则推崇“创竞市择，适者生存”，从本质上讲，二者没什么区别。企业要想在不断变化的世界中安稳地存活下去，必须不断提升自适力，化危为机，从而胜者为王。

进化就是自适，自适力就是进化的能力

之前企业界流传着这样一种说法："强者恒强，大而不倒。"意思是，当一家企业发展到一定规模后，资源会不断地向它倾斜，它就会更容易发展壮大。

在社会环境和商业环境相对稳定的时代，企业做大做强相对容易，但当今，一系列重大的变化正在持续发生，这些变化给商业界造成了不利后果，有些企业出现了减薪、裁员甚至倒闭的情况。

很多事实表明，我们已经进入乌卡时代（VUCA），即一个充满不稳定性（volatile）、不确定性（uncertain）、复杂性（complex）和模糊性（ambiguous）的时代。当社会环境发生改变、商业世界的底层逻辑发生改变时，一个企业能够"大而不倒"似乎"神话"。正如曾是地球的霸主恐龙一样，当环境发生巨变时，强大如斯依然轰然倒下。其实，企业的发展和物种的进化遵循着同样的法则——物竞天择，适者生存。

进化，是创业的第一性原理。创始人唯有与时俱进，不断进化，才能创造出新

的商业价值，赢得市场。这是创业成功的不二法则。正如上面提到的，进化的本质就是适应能力的不断升级。

1. 自然界：进化 = 自适

衡量进化的关键不在于是否变得越来越强大，而在于能否适应环境的变化，并针对这种变化更快速地做出应对。从这层意义上讲，进化就是自适，自适力就是进化的能力。有一个案例非常适合解读这个观点，那就是恐龙的灭绝。

> 科学界普遍认为，恐龙的灭绝缘于一颗小行星对地球的撞击。当时，这颗小行星撞上地球后发生爆炸，引起了大规模的海啸、地震和岩石撞击，进而引发了全球性的地壳运动。同时，大量火山连续喷发，火山灰和烟尘遮天蔽日，阻挡了阳光对地球的照射。
>
> 没有了阳光，大量植物因无法有效地进行光合作用而灭绝。随之而来的是草食性动物的大量死亡，因为食物匮乏，肉食性动物也逐渐灭绝。在这个过程中，作为地球上最大的动物——恐龙就这样从地球上永远消失了，但一些小型草食性动物却生存了下来。

或许有人会产生疑问：为什么强大的恐龙灭绝了，而弱小的小型草食性动物却得以存活呢？这个很好理解，当植物严重匮乏之时，草食性恐龙的食物链开始断裂，小型草食性动物因为食量小熬过了这场危机。肉食性动物同样如此，地球上先灭绝的都是大型肉食性动物，比如霸王龙；一些小型肉食性动物则因食量小而幸免于难。这就是典型的生物适应环境的进化之路。下面我们再来看一个非典型的进化案例。

> 很多人认为狗是由狼进化而来的，其实，狗是由远古人类从狼驯化而来的。科学研究发现，当时远古人类会把一些吃剩的食物或骨头扔在营地周围，这会吸引一些狼去捡食。久而久之，狼逐渐意识到，只要跟着人类就会有食物吃。这种习惯被一些狼一代一代传承下去，慢慢地狼就被驯化成狗。

通过这个案例我们可以看到，从本质上讲，虽然远古人类的确有一些主观意识想驯化狼，但更大的原因在于一部分狼自愿选择了被驯化。这种自愿被驯化，其实也是另一种意义上的进化。

也有一些科学观点认为，从狼到狗并不是一种进化，而是一种退化。因为狼被驯化成狗之后，战斗力和智力都大幅下降，如果把狼和狗同样放到野外，狼的生存能力明显比狗的生存能力强大。但不要忘了，进化的最终目的是在自然界长久地生存下去，让种群得以延续。

进化追求的不是生命的精彩，而是生命的跨度。所以从这个角度讲，狗的基因显然可以得到更好的传承，种群也能更好地得以延续。这难道不是一种进化吗？

2. 商业界：创竞市择，适者生存

所谓创竞，是创业者的进化竞争；所谓市择，是市场做选择。“创竞市择”的背后，简单来说，是顺势而为求进化，实现“适者生存”。

我们再来看一个典型的案例——汽车的进化之路。

> 汽车自出现之后，先后经历了喷气驱动阶段和蒸汽驱动阶段，后来汽油发动机的发明使汽车走进汽油时代。汽油车，或者说燃油汽车从出现至今，已经统治了汽车世界100多年。但是，随着电动汽车的普及，燃油汽车的江湖地位开始动摇。
>
> 在一份关于新能源汽车长期展望报告中，全球电动汽车的销售量将从2018年的200万辆增长至2040年的5600万辆；而传统燃油汽车的销售量将从2018年的8500万辆降至2040年的4200万辆。我国汽车保有量也呈现同样的趋势，电动汽车在中国市场的占有率从2017年的1.9%上升至2022年的18%左右，[①]而且市场预测，这一占比在未来会持续升高。

如果单纯从性能上讲，从燃油汽车到电动汽车或许还谈不上进化，至少从目前

① 该数据来源于中商情报网。

来看燃油汽车依然比电动汽车的性能更强大一些。但为什么燃油汽车还是在不断被电动汽车取代呢？这一点与前面提到的生物进化的底层逻辑是一样的，时代变了，环境变了，谁具备更强的适应能力，更能顺势而为，谁就会成为最后的赢家。

地球正在变得越来越“热”，很多国家都把碳减排当成重要任务。

当人类开始从长远发展的角度看待汽车行业的发展，更为关注产业趋势、竞争格局，以及资源、技术创新，市场环境和应用场景也随之变化，这时，传统的燃油汽车就难逃逐渐被取代的命运。

于是我们看到，越来越多的车企开始转型，甚至很多与汽车毫不相关的企业也纷纷入局。从市场占有率来看，2019 年 1 ~ 8 月，比亚迪的全球市场占有率提升至 12%，一跃成为中国电动汽车市场中的行业龙头。①

或许有人会问，冲进这片蓝海的企业很多，其中不乏资金强大的互联网原生电动汽车企业，为什么比亚迪能脱颖而出，成为行业龙头企业？当然，其中一个重要的原因是，比亚迪已经在汽车行业深耕多年，拥有很深的事业根基；但更关键的原因是，比亚迪更早地进入了电动汽车研发领域。

---

① 数据来源于 Ev Sales.

早在 1997 年，比亚迪就已经开始量产锂离子电池，短短 4 年后便成为全球第二大充电电池生产商。随即，比亚迪开始整车制造。经过 20 多年的发展，比亚迪的电池技术得到突飞猛进的发展，并在 2022 年下半年与特斯拉展开合作，为其提供“刀片电池”。

由此可见，比亚迪胜出的关键在于比别人跑得更早、更快。这就必须提到一个重要概念——进化的速率。

3. 进化的速率

面对环境的变化，很多人都知道要去改变，谁能先走一步，谁能走得更快，谁就有更大的希望最后胜出。

我们再来引申一下前面提到的关于物种进化的案例。

> 地球受到小行星撞击之后，又过了几万年到几十万年，环境慢慢恢复。在光合作用下，植物再次茂盛起来。那些活下来的生物进一步繁衍，再度演化出复杂多样的地球生态系统，灵长类动物开始逐渐成为地球上的新霸主。
>
> 其实，当时地球上除了灵长类动物，还有很多其他哺乳类动物，比如老虎、狮子、狼等，灵长类动物为什么脱颖而出了呢？因为

它们学会了直立行走，这使它们可以把前肢解放出来去做其他事情，比如使用工具，从而拥有了更强的生存能力，获得了越来越大的生存空间。

或许有人会说，很多其他动物也学会了利用前肢，比如小松鼠会用两只前爪抓东西吃，水獭也会用石头砸开贝壳取食贝肉，为什么它们没有成为地球的新霸主？这个问题我们先不回答，接着看下面的案例。

灵长类动物有很多，包括猴子、猩猩、猿人等，为什么最后是类人猿成了地球的新霸主？看过电影《猩球崛起》的观众或许记得其中有一个至关重要的镜头：黑猩猩凯撒一把抓住饲养人拿着电棍暴打它的手，大声说出了一个字："不！"剧情自此急转直下，一场人与猩猩的对立之战全面打响。

看到这里，或许有人已经猜到了，类人猿成功胜出的关键在于它们发明了语言。学会直立行走后，类人猿的身体变得更加灵巧，可以从事更复杂的劳动，随着劳动经验的积累，他们的大脑和意识也得到了很大发展。当大脑发展到一定程度，加上彼此之间的联系日益频繁，它们逐渐产生了相互交流的需求。在长期的咿咿呀呀的交流中，语言就这样诞生了。

但是，除了类人猿，其他动物也会进行交流。比如猴子会通过吱吱、唧唧交流信息；小猫小狗会通过喵喵、汪汪的叫声进行交流；甚至蚂蚁也会通过碰触角交流信息……为什么最后是人类占领了地球呢？

这个问题和前一个问题的答案是相通的。与其他动物相比，灵长类动物进化的速度更快；与其他灵长类动物相比，人类沟通的效率和质量更高。

这一点引申到商业界同样适用。

2022 年 8 月任正非在华为内部讲话时说："未来 3 年华为最主要的目标就是活下去。"

这是华为成立以来任正非关于"寒冬"的第六次预警，华为有惊无险地度过了一次又一次"寒冬"。探究其背后的原因，在于华为每一次都能比别人更早一步觉察到"寒冬"的到来，且为之提前做好充足准备，保障企业最终成功胜出。

这就是创竞市择，进化制胜。进一步讲，自适就是自我适应社会，企业适应经济形势；进化，就是从不适应到适应。

创业的路上荆棘遍布，创业者的使命就是逢山开路、遇水搭桥，一步一步在荒芜中踩出一条大道。因此，不要浪费每一场危机，转换一个视角，危机可能就会变成企业发展的转机，但前提是企业必须学会自适，掌握进化的能力。

自适而胜，胜者为王。

创竞市择，适者生存

对企业来说，增长是永远不变的任务；对创业者来说，不断进化也是天赋的使命。身处乌卡时代，慌乱或抗拒显然无法帮助创业者实现自己的目标。正确的做法是，理智、冷静地思考如何把时代给予的不确定性及可能的危机转化为企业成长、进化的机会。

关于这一点，大家可以从王阳明的人生经历中寻找答案。“艰难困苦，玉汝于成。”王阳明的一生是在种种危机中度过的，真正做到了“君子无往而不适”。

由此可见，当一个人或一个群体到了“适”的境界，不论经历怎样的挫折或困境，都能迅速调整心态和状态，找到困境的突破点。而达到这种境界，依靠的正是强大的自适力，即进化能力。

具体到创业这件事，所谓的“自适力”，就是指创业者为了适应和战胜市场环境而主动做出相应变化的能力，可以概括为以下公式。

自适力＝反弹力＋生存力＋反脆弱力

这种能力可以让创业者自身及整个团队变得心安，以一种更从容、更平稳的心态去适应环境，调整企业发展的节奏，有时快一点，有时慢一点，但总体上能够坚持三五年不受市场环境的变迁影响，把风险和危机变成企业发展的机会。

在刚开始创办“参半”品牌时，尹阔选择了“护肤级的滋养型牙膏”作为进入口腔护理品市场的切入点。因为方向精准且正确，他们在这个赛道获得了不错的成绩和用户关注量。但是后来，他们高估了企业自身的能力和可调配的资源，忽略了市场的竞争强度，忽略了衡量资金池的深浅，盲目地踏上了多元化发展道路，开始拓展洗护和彩妆赛道的双品牌，导致资金不足带来的危机。

最终的结果可想而知。因为这一次战略层面的失误，参半团队的士气大大受挫，资金链紧张、消费者心智定位不明确等问题也接踵而来。尹阔说：“那应该是我们经历的最艰难的一年。”

但在这段时期，尹阔稳住了自己的心态，展现出自适力的强大。他带领团队做了深度的内部复盘，并做了相应的战略调整。

首先，他们决定“断臂求生”。这是一个非常艰难的决定，因为一边是真金白银的库存，一边是为了清库存而必须消耗的广告成本和人员精力。经过漫长的会议讨论，尹阔决绝地全线砍掉了非口腔护理品业务，回归基本盘。

其次，寻找口腔护理品赛道内新的突破口。经过对一系列数据的整理分析和国内外相关品类的对比，参半团队发现漱口水是一个已经有 100 年历史的品类，在国外市场有极高的人群渗透率，但在国内还处于萌芽阶段。虽然从短期看，这个赛道的机会并不大，但如果对国内消费者的口腔护理习惯进行适当引导，未来一定有机会实现增长。

最后，尹阔带领参半团队调整心态，放手一搏。在筹备了 3 个多月之后，将账面上仅剩的 1400 多万元全部投入市场，抱着“不成功便成仁”的心态去打漱口水的“突击战”。这次的结果没有让大家失望，参半做到了电商平台相关类目的第一名，同时也获得了“新生”的机会。

与尹阔这样具备自适力的创业者相比，有些人从本能到理智都抵制改变，他们惧怕改变，大多很难适应时代和市场环境的变化，更容易陷入不愿意改变却又不得不改变的悲观、消极情绪中。

在我看来，这些不愿意改变的人之所以会被消极情绪带来的“痛苦感”包围，最大的原因是他们内心对挑战和威胁感到不安，心态不稳定，总有大幅度波动。俗话说“穷有穷过法，富有富过法”，我们能否适应某些事情，挑战舒适区，其根源在于能否做到自我调节，快速适应。因此，一个拥有强大自适力的创业者，大概率能够跑赢同行。

眼光长远，才能增益见识和格局。我们以一生为周期去看待变化，领悟到的是时代变迁、人性的复杂性和天道的规律；如果以 10 年为周期，看到的是常识与规则的变化；如果以 3 年或 5 年为周期，看到的是胆识和眼光；如果以 1 年为周期，大多会局限于天赋和能力的重要性；但是，如果我们以单日为观察单位，就什么也看不到，只能寄望于奇迹和运气了。

我们改变不了宏观环境，只能接受它，然后再以从个人微观调整提升得来的自适力去对抗危机和不确定性。当企业因为时代变迁和环境动荡而陷入危机时，创业者应该做到以下三点。

1. 瘦身求生

商场如战场，团队就是直接作战的“部队”。在竞争的过程中，如果队伍整建制被歼灭或被击溃，就丧失了再回到市场的机会，也很难抓住市场留出的真空机会。相应地，如果队伍保留着骨干精英和完整建制，就有再次起飞的可能。骨干精英和完整建制是一个企业战斗力的基本盘。

“留得青山在，不怕没柴烧。”对企业来说，危机也可能是一个好时机。此时更需要创始人做出清醒、正确、理智的决策，精简内部架构，培养得力干将。

2. 腾挪到新生态位

“树挪死，人挪活。”很多企业之所以发展一般，就是因为创始人缺乏面对事实的勇气，不敢或不愿意变换生态位。腾挪是适应生态的一种具体体现。时代和环境的变迁给企业发展带来了障碍，但同时也给企业腾挪到新生态位提供了绝佳的机会。

3. 解决积重难返的难题

企业处于顺利成长进化的阶段时，创始人通常很难主动注意到团队短板，而困难时期则可以让这些潜藏的威胁原形毕露。创业者应当利用这段时期苦练内功，为下一阶段进入扩张期积蓄力量。

从主动做出改变、实现成长的角度来看，自适力可以推动创业者和初创企业完成进化。我当年创办酷讯网，刚开始也创造过一段辉煌的战绩，但最终的结局并不理想。后来，我曾多次复盘这一次不算太成功的创业经历，最终得出一个结论：失败的原因是多方面的，比如认知不足，专注度不够，把战线拉得过于分散；战略能力匮乏，企业发展规划做得不够完善等。总而言之，我们在认知之外的赛道投入了太多精力、时间、资金，在熟悉且擅长的领域反而没做好，没能形成一个能够脱颖而出的“拳头”产品，并导致最终失去了核心竞争力。

对一家企业来说，创始人任何一次决策的失误，或能力、心力、心态等任何一方面的缺失和不足，都会在一定程度上阻碍企业的成长，致使企业落后于市场和竞争对手的进化速度，最终被淘汰。商业市场和自然生态一样残酷，不适应者终将被淘汰。这也是我用“创竞市择，适者生存”定义市场的原因所在。

如果大家对市场有深入的了解，就能发现一个现象：它往往不会选择最强大或最聪明的创业者，而会选择最适合的创业者。能否成为最适合的创业者，关键要看其创业进化的速度能否超过竞争对手进化的速度。

阳明先生有句名言：“辨既明矣，思既慎矣，问既审矣，学既能矣，又从而不息其功焉，斯之谓笃行。”意思是：已经分辨清楚、思考缜密、问得详细，已经学会了，还是持续不断地用功，这就叫笃行。

没有人是天生的圣人，阳明先生从最初树立成圣的志向，到龙场悟道，这一条路走了整整 30 年。其间遭受了诸多难以想象的苦难，比如遭廷杖、下大狱、被追杀、被贬龙场……但阳明先生没有停下追寻的脚步。一个人用一生专注做一件事，哪有不成的？

创业进化的四种目标

自适力是一种顶级心力。创业者拥有自适力，便可以主动顺应时代、环境和发展潮流的变化，对抗一切世道艰难，跑赢竞争对手。

创业者需要明白一个逻辑：我们观察时代和市场变化并以此为起点做出改变时，千万不能盲目，而应该有一个明确的进化目标。根据个人对市场的观察和经验，我总结出创业进化的四种目标，分别是新物种、新生态位、新灵敏组织和新收益率。

1. 新物种

在大自然变迁的过程中，不断有物种灭绝消失，也不断有物种变异进化，或生成新的物种。商业市场同样如此。

自从新冠肺炎疫情暴发以来，很多人对市场环境有一种相同的体验，那就是动荡。全球市场经济和商业逻辑都在发生巨变，很多意外情形成为常态变量。可以预见的是，“黑天鹅”或许会成群出现，未来的商业环境究竟会发生怎样的变化，没有人敢下定论。

对创业者来说，在这种变动的环境下，顽强的生命力是活下来、成为“新物种”的必备要素。

一直以来，美妆行业都是一个十分热闹的赛道，头部巨头和后起之秀层出不穷。随着消费者“自我悦纳”的认知加强以及消费能力的提升，进一步倒逼了这个行业的发展，使得行业呈现“乱花渐欲迷人眼”的纷乱现象。

从消费者的角度看，在面对如此繁杂的选项时，产品的上新速率、实际功效、强品牌背书、市场口碑等因素就显得尤为重要。换言之，消费者对大品牌天然更有信任度和认可度。

美瞳品牌Moody能够从乱象中“杀”出来，一大秘密武器就是他们找到了自己的“进化方向”，成了赛道内的“新物种”。

因疫情需要，口罩成了日常生活中必不可少的佩戴品。又因为口罩的遮挡，消费者对于眼部美妆的需求大增，甚至有取代口红成为最炙手可热的时尚单品的趋势。

以往，美瞳产品多以年抛、半年抛型产品为主，日抛、季抛型产品所占的比例并不高。Moody 敏锐地捕捉到消费者需求的变化和市场的空白，把主要受众定位为一线城市 18 ~ 35 岁的白领女性，以日抛和季抛型产品为突破口，慢慢培养消费者的使用习惯，从而在这一模块中建立了一定的优势。比如他们推出的 IP 联名产品“瞳趣咖啡馆”“布朗熊日记”“太空 DISCO”等，都是深受消费者喜爱和认可的爆款。

就市场整体表现而言，以 Moody 天猫旗舰店为例，该网店于 2020 年 1 月上线，同年 11 月便创造了单月近 4000 万元销售额的好成绩；上线一年，其商品交易总额（gross merchandise volume，简称 GMV）便突破了 2 亿元。

正是因为交出了这样一张优异的成绩单，Moody 才得以受到资本的青睐。截至 2021 年 11 月，Moody 已先后完成六轮融资，C 轮融资金额超过 10 亿元。

2. 新生态位

所谓生态位，简单来说就是指一家企业在整个行业的生态系统中所占的位置。生态位对了，做什么都容易成功；生态位错了，做什么都可能失败。无论是个体还是企业，都要有自己的生态位，尤其要学会在危机中调整和重新定位自己的生态位，这样才能更好地生存下去。

可以说，生态位基本上决定了一个人的人生是平庸还是成功，也决定了企业失败还是成为传奇。

> 相较于字节跳动、腾讯、百度等企业在国内流量池里的“厮杀大战”，赤子城在成立的早期阶段就确立了“做中国互联网的全球化”这一生态位战略，制定了“产品先行”的路线。他们在 2013 年推出的 AI 极简桌面 Solo Launcher，登顶了 89 个国家和地区的 Google Play 个性化应用单日榜单。以此为起点，赤子城的产品逐渐形成了产品集群 Solo X，涵盖了工具、音乐、游戏、娱乐等多个领域，拥有 7 亿海外用户。在 B 端，赤子城推出了广告平台 Solo Math，聚合了庞大的外部流量。

赤子城对标国内的商业模式，将其复制到海外市场，可以说完美地抓住了一次绝佳的机会，成了中国移动互联网出海的领先者，建立了出海流量生态位，牢牢占据了流量市场中的一个生态位。正是因为看到这些，我才会在 2014 年，即赤子城刚刚走出国门的时候，就率先投资了他们。

2019 年 12 月 31 日，赤子城在港交所[①]上市，总市值超过 30 亿港元（截止

① 全称“香港交易及结算所有限公司”，即香港交易所。

2022 年 7 月 22 日）。

3. 新灵敏组织

自适力的第三个目标就是形成新灵敏组织。

为了让大家更好地理解什么是新灵敏组织，我在这里举一个例子。刘慈欣先生在《三体》中描述的三体世界里，因为有三个“太阳”，所以出现了恒纪元和乱纪元相互交替的现象。

在恒纪元中，气候宜人，昼夜规律，适合三体文明的发展；而在乱纪元中，气候极端，不是极寒就是极热，不适合生物生存。又因为恒纪元和乱纪元的交替毫无规律，三体人为了生存，进化出“脱水”到休眠的能力。等到恒纪元，脱水的三体人在浸泡之后，可以马上复原，并在这个时期迅猛发展科技。就这样，他们在无数个乱纪元和恒纪元的无序交叠中不断前进，取得高阶的科技水平。新灵敏组织就是要求创业者培养足够灵敏的机会捕捉能力，去抓住“恒纪元”的发展机会。

> 商用航天领域是一个拥有无限潜力的巨大市场，国外的相关企业，尤其是 Space X 已经向我们证明了这一点。但是在之前的很多年里，中国的商用航天领域一直是个空白。而星河动力正是抓住了这个空窗期，才闯出了一些名堂。

星河动力是目前国内唯一能连续成功入轨发射的民营火箭公司，很多人把它视为我们追赶Space X的最大希望！同时，星河动力也是目前国内唯一有能力布局小型运载火箭+中大型液氧/煤油运载火箭完整序列的商业航天公司。

星河动力的“招牌”——固体火箭“谷神星一号”，已经成功将6颗卫星送入预定轨道，创下了国内民营公司的最好纪录。可喜可贺的是，“谷神星一号”已经开始批量生产。

凭借这些成绩，星河动力在2021年7月至12月完成总额12.7亿元的B轮及B^+轮融资，历史累计融资超18亿元，梅花创投也有幸成为其投资者之一。①

4. 新收益率

能够获得收益也是自适力的一种体现。在创业、发展企业的过程中，大家一定要牢记两条收益率的对标线：第一条，银行借贷利率4%；第二条，民间借贷利率12%。优秀的创业者一定会保证自己创业或投资的收益率高于民间借贷利率。

---

① 关于该企业的信息主要来自媒体公开报道。——编者注

而实现目标收益率的方式，除了开拓新的业务线、新的产品、新的合作，就是投资！

大家要理解一个概念，即投资本身就是一种创业，创业也是在不断地进行投资，二者并不对立，而是一种相辅相成、相互交融的状态。因此，创业者应当学会做投资，如此才能连接新的朋友和资源，开阔新视野，拓展商业机会，刷新收益率，建立高收益模式。

创业进化的五个要素

自地球诞生以来，一共发生过五次“生物大灭绝”，使无数生物成为历史的尘埃，只有极少部分留下了曾经在地球生存的遗迹——化石。但是也有很多物种躲过了其中的一次甚至是多次物种“大清洗”，它们凭借的就是独家进化“秘籍”。

即便是在大灭绝的时代，它们也能展现出无与伦比的自适力，从而存活下来。创业求生也是同样的逻辑。创业者要想在竞争激烈的市场中存活下来，就需要具备培养和提升自适力的秘籍。

1. 自己开悟

很多白手起家的创业者，一没有资源，二没有人际关系网络，三没有相关的经验积累，在这种情况下，想培养强大的自适力，只能自给自足，自己开悟。理想汽车和汽车之家的创始人李想，就是这样一位靠自己开悟的创业者。

2000年，李想创办了泡泡网，这是他的第一次创业。在李想的运营和商业运作之下，泡泡网成了中文IT垂直类网站的领跑者之一。对一位创业新人来说，这个成绩绝对算得上优秀。后来，泡泡网被收购，李想开始着手准备第二次创业。

2005年，汽车之家正式上线。可能很多人都不知道，当时国内汽车类的网站多达上百个，在这种白热化的竞争环境中，李想展现出逐渐成熟的自适力。汽车之家也凭借中立客观、数据库、实拍图片等优势脱颖而出，在不到1年时间，就杀进了赛道内网站访问量的前五名，并于2008年成为行业内当之无愧的第一名。

2013年，李想带领汽车之家在纽约证券交易所成功上市。

2015年6月，李想卸任汽车之家总裁。同年7月，创办理想汽车。

2016年9月，李想辞去汽车之家董事职务，全身心投入理想汽车的经营和运作工作。

新能源汽车赛道竞争的激烈程度，大家有目共睹，想在这个行业站稳脚跟并不是一件容易的事情。反过来说，唯有在这种环境中，自适力才能得到最大化的锻炼，完成成长和进化。

2020年7月30日，理想汽车在美国纳斯达克挂牌上市。

企业的成长进化，归根结底需要靠创始人自身的动机、情感等心理因素驱动，通过沉淀、积累、训练形成深入大脑和心理的内在意识，最终炼化成顶级的自适力，驱动创业者做出适应时代及当下环境的相对最优的决策并制定好企业的发展战略。

我们可以将“自适力”这种内在意识理解为身体肌肉、意识习惯。要想拥有“自适力”，是需要有意识地进行训练的，这就是我一直在强调的“事上练，难上得”。只有将自适力训练内化成潜在意识，才能做好行为抉择，敢于革新，勇于求变。

在我看来，通过自己开悟的自适力状态可以分为五层。

第一层是生为一个普通的人，这是所有人最初的状态；第二层是通过后天的努力拼搏，成为一个优秀的人，到了这一层，人数开始变少，人与人之间的差距也逐渐被拉开；第三层是成为一个优秀的管理者；第四层是成为一个优秀的领导者。管理者和领导者虽然都属于企业管理层，但二者蕴含的能量，能够对他人施加的正向积极的影响，却存在云泥之别；第五层是顶尖领导者，这种人万里挑一，是企业最宝贵、最难得的财富和资源。

2. 竞争对手的刺激

提升自适力、完成成长进化的另一种动力来自对手的刺激和外部压力。相较于市场大环境的压力，来自竞争对手的影响更直接，更有压迫的危机感，带来的进化动力也更强。一个比较典型的例子就是可口可乐与百事可乐。

1939 年，可口可乐设计生产了十分经典的流线型玻璃瓶产品，该产品一经上市就广受好评，在很短的时间就成了爆款。可口可乐趁热打铁，立刻加足马力开始扩产这种玻璃瓶。

在商业竞争中，当一个行业的头部品牌推出能够抢占市场的产品，其他品牌的生存空间无疑会受到极大的挤压。当时的百事可乐就面临这种窘境。

但百事可乐并没有等着被动挨打，而是在巨大的竞争压力下想出了一个“好点子”，那就是生产同样的玻璃瓶，容量比可口可乐的大一倍，价格却与可口可乐的一样，是真正的“加量不加价”。

此招一出，不仅可口可乐提前囤积的大量玻璃瓶陷入一种无用武之地的尴尬境地，这方面的市场也被百事可乐抢走了一块。

3. 高人指路

学会善用自己身边一切可用的资源和人际关系网络，比如来自导师、贵人等高人的指点，同样是培养和提升自适力非常关键的一环。在创业的道路上，如果能有幸遇到正确的创业导师，那么创业者就会少犯很多错误，从而极大地缩减成本，缩短通往成功的时间。所以我经常和创业者强调，一定要珍惜那些真诚待你的创业导师，尝试以开放的心态倾听，快速验证，抓住根源。很多时候，他们的一番指点，能够起到画龙点睛的作用，让你拨开云雾见光明。

4. 同行者的陪伴

创业与开一家小商店或小饭馆不同，一般而言，后者追求小富即安，经营的规模很小，面对的市场压力和竞争也不会太大，所以基本上是以个人或家庭为单位，不需要其他同行者。

正所谓“独行者快，众行者远”，对创业来说，单打独斗很难有一个好的结果。找到一群志同道合的同行者结伴而行，既有助于解决各种具体问题，又能在精进之路上相互滋养和磨炼心力，提升拿到确定性结果的概率，破除迷茫，在做出选择时更加坚定。

我时常对创业者说，创业是孤独的，很多问题没有现成答案，只有走在创业之路上才能不知不觉地发现问题、解决问题，完成进化，找到答案。

5. 榜样的力量

创业需要寻找和确立学习榜样。当创业者时刻盯着一个标杆，就可以清楚地知道自己与榜样的差距，衡量自己进化的速度，从而更好地安排发展节奏。榜样可以是一个，也可以是很多个。

很多创业者问我，应该如何设立自己的榜样。其实大家需要理解一点，所谓榜样的力量，是指找到对方比自己优秀的地方，以此为标杆和方向，完成自我的成长和进化。可以学习的榜样是多维度的，从这个角度讲，任何比我们优秀的人，都可以视为榜样，比如同一个赛道的领先者、在其他行业做得出色的企业家等。择其优者而学之，择其强者而效之。

人是群居性动物，创业同样无法独立于他人和社会。在创业成长的过程中，创业者需要来自消费者的认可和接纳，也需要来自团队成员、行业前辈的支持和鼓励。最重要的是，不管创业者接收到怎样的能量，最终都需要内化于心，兼收并蓄，认认真真地理解和学习，这样才能更好地促进自身的成长。

创业进化的六种方式

在自然界中，老虎和狼都是顶级猎食者，但二者的猎食方式大相径庭。老虎崇尚力量至上，以单打独斗为主；狼群则是团队合作的典范，擅长群体出动。这种差别背后的逻辑是，老虎和狼在适应自然时，选择了不同的进化方向和方式。

同样，创业者在培养自适力、适应市场和时代环境时，也应当如此。在我看来，自适力大致有六种进化方式，分别是自我进化、移植进化、群体进化、迭代进化、跨界进化和厚植进化。

1. 自我进化

所谓自我进化，就是创业者通过总结过往的经营经验或市场案例，独立思考、复盘，获得成长，完成进化。其中的关键是不断总结、复盘，直达问题本质。简单来说，这是一种创业者向内探寻的进化方式，无须他人的帮助。

徕芬科技创始人叶洪新的创业史就是一个不断自我进化的过程，具有很强的代表性，值得大家借鉴。

在创立徕芬科技前，叶洪新经历过多次创业。刚开始，他创立过两家服装箱包公司，依托电商平台，积累了丰富的线上运营经验，为后续创业奠定了线上营销认知方面的坚实基础。在这次创业中赚到人生第一桶金后，叶洪新带领研发团队开启了二次创业——低空纯电动载人飞行器的商业化，虽然这次创业最终未能成功走向市场，却为后续新品开发积累了大量的产品研发经验。

2017 年，叶洪新第三次创业自主研发的电动滑板车正式发布。这一产品历经了 20 个版本迭代，具备 65 套全新模具、11 项国家专利、“小蛮腰”工业设计，以及轻薄的外形加上其超长的续航力，被誉为电动滑板车界的特斯拉。产品一经推出，便迅速畅销欧美市场，创年营收达 1 亿元，一度成为亚马逊畅销单品。

2019 年，历经几次连续创业的叶洪新再次出发，在自我进化的道路上不断前行。他带领团队研发高速吹风机，历时 2 年多，攻克了 11 万转无刷马达的技术难题，掌握了核心技术，获得了 26 项相关专利。这款产品于 2020 年 10 月量产销售，自 2021 年 1 月起，每月保持 50% 以上的高速增长，在多个电商平台销售额均排

> 名前三。徕芬先后获得欧盟 RoHS①环保、欧盟 CE②、美国 FCC③等国际认证，并拥有直营进出口权，产品销售网络遍布全球。2022 年“6 · 18”更是创下 1.67 亿元销售额的好成绩。
>
> 凭借这些成绩，徕芬科技成为整个消费寒冬里的“弱市奇葩”，也成为各大消费品牌争相学习的现象级消费品牌。梅花创投有幸成为其投资者之一。

在梅花创投“人、事、时”合一的投资逻辑中，叶洪新是一位综合能力非常强的创业者，长板很明显而无明显短板。“创新”“拼搏”“谦逊”几个关键词很好地阐释了徕芬科技团队的价值观，“让尖端科技走进大众生活”诠释了徕芬科技为社会、为用户创造价值的使命感。

2. 移植进化

移植进化就是借鉴国外相关赛道的对标模式或其他行业的标杆模式，应用到自

---

① RoHS，是由欧盟立法制定的一项强制性标准，它的全称是《关于限制在电子电气设备中使用某些有害成分的指令》（Restriction of Hazardous Substances）。该标准已于 2006 年 7 月 1 日开始正式实施，主要用于规范电子电气产品的材料及工艺标准，使之更加有利于人体健康及环境保护。

② CE 认证是欧盟法律对产品提出的一种强制性要求。进入欧盟市场的产品必须通过 CE 认证并贴有“CE”标志。“CE”标志是一种安全合格标志而非质量合格标志。

③ FCC，全称 Federal Communications Commission，中文译为美国联邦通信委员会。无线电应用产品、通信产品和数字产品需要通过 FCC 认证才能进入美国市场。

己的创业之旅中。这是一种“站在巨人肩膀上”的快速进化方式。

在国内的电动车赛道内，爱玛、雅迪是毫无疑问的领头羊，小牛电动算是跟随者。如果直接与领头羊面对面展开“白刃战”，小牛电动大概率无法获胜。因为前两者早已牢牢占据了大部分消费者的心智，是很多消费者在选购电动车时的首选品牌。

于是，小牛电动另辟蹊径，打开眼界，通过移植小米等企业的成功经验，主动寻找其他硬件领域带来的机会，由此获得了相当不错的成绩。经过几年的发展，小牛电动一度成为全球领先的高端智能两轮电动车公司，成功登陆美股纳斯达克市场。

截至2022年下半年，小牛电动的门店遍布全国300个城市，进驻全球27个国家，用户数量突破200万，用户骑行已超过30亿公里。

3. 群体进化

“团结起来力量大”，在自适力进化过程中，这句话尤为适用。相较于群体进化，自我进化是十分孤独的，而且大多数情况下是难以连续完成的，但群体进化却能轻松帮人打破这种桎梏，可以帮助创业者快速弥补短板。如果加入一个优秀的创业者社群，那么一直困扰你的问题，可能会因为别人的一句话而出现转机，甚至某些成员已经有了成熟的解决方案，可以帮助你快速平稳地完成进化。

群体进化的要点，在于消除成员之间的隔阂和陌生感，以自由分享帮助对方受到影响，得到突破。

> 强小明是一名连续创业者。在创办“鲨鱼菲特”之前，他失败过很多次，其中对他打击最大的一次，是 2015 ~ 2018 年的创业经历，强小明回忆说：“当时我特别迷茫，特别‘丧’，感觉自己干什么都不行。”
>
> 强小明选择的方法就是群体进化。他加入梅花创投创办的社群心力会和黑马实验室，找到了很多志同道合的朋友，也从中找到了很多问题的答案，使企业发展实现了长足的进步，其产品线库存量单位（stock keeping unit，SKU）超过 200，产品迭代率高，覆盖健康主食、调味料、休闲零食等多个细分品类，实现了交易总额 200 倍增长的优异成绩。鲨鱼菲特完成了从小白到细分品类第一的跨越。

4. 迭代进化

不要轻易否定任何一个创新的概念和想法，即使创新的概念很小，也值得重视。利用最小可行性产品（minimum viable product，MVP）模型，小步快跑，用最小的成本验证可行性，很多商业模式就是这样迭代进化出来的。企业发展最怕的就是故步自封或畏首畏尾，徒增迭代成本。

Moody 的美瞳产品以日抛型为主、季抛型为辅，日抛型产品销售占比超过 75%。为了配合产品策略，Moody 提出了“佩戴周期越短越健康”的健康主张，潜移默化地改变着消费者的观念和使用习惯，巩固企业在中国美瞳行业的领军地位。

日抛型产品大大增加了目标消费者的消费频次和复购频率，倒逼企业快速迭代、创新产品，否则单一的产品极易失去市场活力。Moody 做到了，它平均每两个月就能推出一系列新款，保持消费者使用的新鲜感。一些与知名品牌联名的产品，比如永璞咖啡、小王子等，更是广受好评，成了爆款。

此外，Moody 以微博、抖音、小红书为三大阵地，增强与消费者的互动，使得复购率维持在近 50%。

自 2019 年成立以来，Moody 已先后完成 6 轮融资，估值约 12.3 亿美元。

5. 跨界进化

所谓跨界进化，就是要求创业者在主赛道之外，寻找新的可能性和新的机会。在流量为王的大时代背景下，创业者更应该进行跨界尝试，不要有畏难心理，只要计量好成本，即使失败了也是在积累经验。一般而言，跨界进化经常会发生于合理的连接中，连接会产生新的价值，催生出创新的多样性。

> 随着智能产品迭代加速，二手3C引起各方注意，竞争激烈且以C2C电商平台抢占先机。全国领先的二手3C交易平台“找靓机”，通过跨界新媒体营销，找到了新的突破点和创业机会。“找靓机”充分利用了短视频、直播带来的流量红利，积累了相当坚实的新媒体营销能力，在获客能力和供应链上表现强悍。
>
> 比如2020年4月25日，“找靓机”创始人温言杰亲自上阵，做起了带货主播。根据官方的数据显示，温言杰在一小时内一共卖出了1150台手机，销售额超过了400万元。

6. 厚植进化

所谓厚植进化，就是通过在某个局部领域投入比竞争对手更多的资金、更好的团队、更强的资源，形成局部优势，以点破面，进而形成更大、更全面的赛道优势。我经常对创业者说，创始人的精力是公司最核心的资源，一定要集中、合理化使用。因为与成熟公司相比，初创企业的全面市场竞争力会孱弱很多，只有把所有的力量集中在一个点上，才有可能从市场竞争中脱颖而出。

> 大家都知道，中国服装行业的内卷①现象十分严重，为了从这样的行业环境中冲出来，也为了改变广大消费者对中国服装的刻板认知，白小T的创始人张勇远赴意大利，实地考察奢侈品面料工厂，只为寻找合适白小T的面料。此外，白小T特意邀请了阿玛尼御用设计师共同设计服饰。在生产时，白小T与阿玛尼中国代工厂合作，所有生产工艺严格执行一线奢侈品标准，对原奢侈品面料加入水光打磨工艺，零下180°液氮技术低温淬炼。
>
> “大力出奇迹”，白小T的厚植进化取得了丰厚的回报，单月私域复购超1600万件，单月订单销售额过亿元。

进化，是创业的第一性原理。每个创业者都有必要成为一个自我进化者，在变化和挑战中获得机会和成长，与时俱进。我之所以一直强调自适力的重要性，原因就在于，提升自适力的最终目的就是催化创业者进化。最终能在市场竞争中存活下来的，不是最强大的，也不是最聪明的，而是懂得进化、最适合市场的。

① 内卷，网络流行语。原指一类文化模式达到某种最终的形态后，既没有办法稳定下来，也没有办法转变为新的形态，而只能不断地在内部变得更加复杂的现象。经网络流传，现指同行竞相付出更多努力以争夺有限资源，使某个组织或某领域陷入一种不健康的竞争状态，导致该组织或该领域的参与者彼此倾轧和内耗。

自适力的六个要素

只有时代的企业，没有企业的时代。正所谓时势造英雄，在时代红利的作用下，总会有极少数幸运儿乘势而起，成为时代的赢家，这就是时代的企业。纵观整部商业史，那些所谓的“大而不倒”的企业，或者一些家喻户晓的“百年老店”，迅速走向消亡的案例并不在少数。没有哪一家企业能够一直跑赢市场。创业者能做的，就是不断提升自己的自适力，去适应不断变化的市场环境，成为“创竞市择，适者生存”的“适者”。

具体来说，提升自适力需要从以下六个要素入手。

1. 战略

对一名创业者来说，战略能力就是把握时代大趋势脉搏的本领，唯有真正做到审时度势、顺势而为，才能“御龙而行，与鲸共舞”。但很多人往往将战略与战术混淆，认为找到了新的增长点、新的破局方式、新的关键人就是战略。其实不然，对一家企业来说，战略目标是阶段性发展的最终目的地。创业者一定要想清楚自己的目的地在哪里，否则很容易被路边的闲花野草吸引，平白无故地消耗有生力量和战略机会。

2. 心力

在心力层面，创业者要培养建立底层思维体系，它是一种整体、动态、连续思考问题的思维模式，也是一种在复杂动态系统中以简驭繁的智慧。创业本身是一个复杂的系统问题，如果创业者只会用线性思维去解决系统问题，结果一定是“头痛医头，脚痛医脚”，达不到标本兼治的理想效果。

当创业者拥有了成熟的心力，就如同一部手机具备了强大的软件操作系统。做决断时的勇气、坚持不懈的毅力、愿力、专注力、创造力、洞察力等因素，都是运行在心力“操作系统”之上的“应用程序”。如果心力不够，方法再多也用不上。

因此，无论生活还是创业，一个人的成就永远不会超过他心力的框架和志向的高度。

3. 认知

创业者的世界是由其认知决定的，初创企业的上限是由创业者的认知决定的。

创业者永远赚不到其认知范围之外的钱，除非天上真的掉馅饼。依靠运气获得的财富，最后往往会因为认知、能力等的不足而亏损掉。因此，创业者赚的每一分钱，都是对这个世界认知的变现；亏的每一分钱，都是因为对这个世界还有认知缺陷。当财富大于认知时，市场会有无数种方法进行调节，直到认知和财富相匹配。

所谓人生或创业的边界，其实就是创业者对相关事物运行规律的理解。以技术研发为例，当我们不明白一项技术的实现原理时，自然也就无法以它为基础做出创新，也就无法赚取创新带来的财富。

4. 格局

一个人的眼光、胸襟、胆识等心理要素的内在布局即是格局，它决定了一个人、一家企业成长的“天花板”。一家企业的价值，90% 集中在创业团队上，而一个创业团队的价值，80% 集中在企业创始人的身上。

一个创始人的格局大小直接决定了企业的发展空间。

同样以技术研发为例，有的创业者看到了技术的变现潜力，于是直接将它投放到市场中赚钱；而有的创业者看得更高、更远，通过创新研发建立了坚实的技术壁垒，赚到了更多钱。这便是格局的具体体现。

5. 连接

人际关系网络的搭建取决于一个人与其他人连接的强弱，是一个人本事的放大器。

在我见过的创业者中，很多人会刻意强调他认识行业里的某个或多个知名的前辈企业家，以此来凸显其人际关系网络之广。但是在我看来，真正有效的人际关系网络不是你认识多少人，而是多少人认可你。比如创业者在某个饭桌上认识的，仅有一面之缘的前辈，其实并不会对他的创业产生太大的影响。真正有价值有意义的人际关系网络，应该是双方彼此平等地交换价值，而非一方给予、一方索取。

因此我一直强调，创业者应该做的，就是专注提升自己。当创业者能够对越来越厉害的人产生价值输出时，其人际关系网络才会越来越广，质量也会越来越高。

6. 成长

自适力的应用场景并非只有创业和商业环境，更大的应用舞台在于生活。创业之路上的人生是丰富多彩的，只有事业的生活是黑白的、单调的。工作和生活应该是相辅相成、相互助力的关系，不能顾此失彼。

在如此复杂且严峻的时代背景和市场环境中，创业者普通的努力收效甚微，要想获得成功，就必须做到极致的努力！生活犹如煮开水，只有达到 100℃，人生才能沸腾。

努力是基本条件，在这个基础之上，创业者还要学会调整自己的性格、习惯、情商、认知，以培养在新时代、新环境中的自适力。自适力可以通过不断学习而提升，最差的学习是学死板的知识，最好的学习时刻都在进化和成长！

第二章

战略：为创业进化指明方向

创业是一场与不确定性相伴的冒险，战略能力可以帮助创业者建立对这个过程的感知和规划，从不确定性中发现确定性。换言之，也就是从大局出发，提升企业适应环境的能力，找到一条适合企业发展进化的道路。

战略就是知行合一

企业战略决定了一家企业打算做什么、不做什么，是企业的核心竞争力之一。当创业者确立了企业的战略，其实从某种程度上讲，就是给企业接下来的发展道路定下了一个比较宽泛却有很强约束力的基调。

阿里巴巴在多年前之所以喊出“让天下没有难做的生意”那句口号，正是因为其战略方向就是要在供给方与需求方之间搭起一座桥梁，打开困扰中小型企业的地域限制，让它们能够与更多、更远的消费者产生联系，形成供给关系。

回顾阿里巴巴的整个成长历程，我们不难发现，这一战略在前期为其提供了大量的支撑，包括企业文化、愿景、长远目标，以及用户对品牌的认知等。任何一家能够或希望持续稳定发展的企业，都需要有一个明确、清晰的战略。

在我看来，所谓战略，就是知行合一。阳明心学中有这样一个观点：“知是行之始，行是知之成。”战略的出发点是良知、心力、认知力和执行力等诸多因素，其中，良知不只是个人价值观的善与恶，还是创业者选择创造价值的方向；认知力和心力决定了战略的高度和发展的方式；执行力则是战略落地时对细节的一种引导，对一些流程及执行要点量化。

广州九尾信息科技有限公司（以下简称“九尾科技”）的创始人王锐旭就是一个能在战略层级做到知行合一的创业者。

王锐旭是一个土生土长的潮汕人，在当地，“诚信、友商、利他”“爱拼才会赢”等传统思想比较浓厚，长时间的耳濡目染使得王锐旭很早就产生了经商的念头。

2012 年，还在读大二的王锐旭便拉起一支团队，创办了魔灯传媒。得益于他超强的洞察市场环境的能力和战略布局能力，团队成立后仅半年，其营业额就超过了百万元大关。

2013 年，王锐旭凭借敏锐的战略机会捕捉能力，发现了兼职市场中存在严重的信息不对称问题。因此，他以原来的团队为基础，成立了九尾科技，为了帮助大学生求职者更好、更安全、更可靠地找到心仪的工作，他们开发了一款专门的手机应用程序——兼职猫。因为准确地抓住了市场痛点，所以“兼职猫”一经推出，便受到广大大学生的认可和接受，九尾科技进入成长的快车道。

在接下来的 2 年时间里，大量的创业者进入这个赛道。2015 年，面对 100 多家竞争对手以及 C 端红利的逐渐消失，王锐旭知道，如果继续按照原路走下去，公司一定会面临超乎想象的竞争压力，即便最终胜出，也可能得不偿失。因此，王锐旭开始重新思考团队未来的发展方向。

这是我非常欣赏王锐旭的一点，“死磕”从来都不是在商业市场中竞争的最佳策略。有时候，以自身需要和实际情况为出发点另谋出路才是上策，只有这样，才能在环境的变化中不断提升自适力，有机会走出企业的第二曲线。从另一个角度看，这种调整其实就是战略能力的最佳体现之一。

在进一步分析、了解市场之后，王锐旭凭借长远的战略眼光发现了“兼职猫”的新出路——回归商业的本质。

在接下来的一段时间，他更加注重技术赋能和线上业务，完成了“兼职猫”面向企业的灵活用工服务及将线下业务向线上的迁移，实现了从单一的2C到2B +2C的转型①。得益于这次转型，九尾科技焕发了第二春，营收翻倍增长。

梅花创投当时之所以选择投资王锐旭的团队，是因为看到了九尾科技强大的战略调整和战略布局能力，以及“兼职猫”平台商业模式背后展现的广阔前景。梅花创投的资金支持，也促进了“兼职猫”平台的进一步发展，使它的相关流量和业务的能力、质量都有了明显的提升，并

① 2B，即 to business，意为“面向企业”；2C，即 to customer，意为“面向消费者”。——编者注

走上了规模化发展的道路。

2020 年，九尾科技进一步发挥线上资源的优势，针对新冠肺炎疫情时期校园招聘难以进入校园开展的困境，把招聘会搬到了线上，也就是校园求职招聘平台“云校招 live”。此外，它还拓宽了业务布局，开发了“智慧团建”“i 志愿”“智慧工会”“智慧少先队”等系统。2021 年，九尾科技推出了面向全职招聘的“招聘猫”升级版，业务版图得到了进一步拓展。

在不到 10 年的时间里，凭借着王锐旭过人的战略能力，九尾科技交出了一份优异的答卷：新增用户超过 500 万人，帮助 4400 万求职者找到了心仪的工作；在企业侧，为 147 万家企业提供了人力资源服务。

战略能力是创业者必须具备的一种高级素质，相较于心力、认知和格局等因素，战略能力对一家企业，尤其是对初创企业能够产生更直接、更深远的影响，因为它锚定的是企业的发展目标和具体的成长进化道路。

在创业过程中，我把创业者战略落地的过程分为三个层级，分别为战略层、战术层和运作层。

1. 战略层

我时常对创业者说，团队领导者最重要的任务有三个：找人、找钱和找方向。其中，找方向依仗的就是创业者的战略能力。试想，如果一名创业者无法从战略高度洞察市场，确定自己想要进入的赛道，一直追求所谓的风口，一直变换企业的发展方向，不仅创业者在经营企业时会很疲惫，企业也无法得到稳步、健康的发展。即使企业艰难地度过了生存期，也很难在后续的市场竞争中走得更远。

王锐旭和他的九尾科技就是一个现成的例子。如果王锐旭不具备足够长远的眼光和战略分析能力，大概率就会死守自己的"一亩三分地"，与其他后入场的竞争对手直接对抗，而不是进行战略转型，迎来第二次飞跃式成长进化。

很多时候，所谓战略，正是创业者一次次的抉择和取舍。如果我们能看到一个前景更加光明、更加远大的目标，那么眼下遇到的一些困难和损失，不过是为最终胜利做的铺垫。而且，当目标清晰之后，很多路径也就非常清晰了。

2. 战术层

请注意，我说的战术，是指为了实现战略目标而分解出来的执行方针。

如果没有战略只有战术，创业者或多或少会遭遇一些挫折，包括产品、市场或团队出现各种问题甚至创业失败。但是反过来，如果只有战略没有战术，那么战略也不过是一纸空文，没有任何实际价值和意义。

在王锐旭的案例中，九尾科技一开始的战略目标是解决兼职市场信息不对称的问题，他的战术是居中调和，以应用程序、网页平台等技术手段，尽可能地平衡招聘者与求职者之间存在的信息差。

需要强调的是，从战略层到战术层一系列的考量、决策，需要的是一种整体、动态、连续性的思维模式，创业者必须学会在复杂、动态的系统中判断、决策、验证，这就要求创业者拥有更宏观的视角，能从战略层思考问题，从战术层剖析问题。但是一定要记住，不能用战术上的勤奋掩盖战略上的懒惰，战略才是起点。

3. 运作层

当创业者确定了战略方向和执行方针，接下来要落实的就是最基本的整体运作与运营工作。比如九尾科技搭建、推广“兼职猫”平台，便需要具体到每个部门、每个员工，先自上而下传达战略思想，再自下而上汇聚战略力量，唯有这样，企业才能走得安稳，走得踏实。

不管生活还是创业，想清楚人生中的根据地在哪儿很重要。多进行一次不必要的竞争，多停留一些时间，都会多消耗一份战略力量，多损失一份机会。

创业过程中的三层战略落地能力，就是时刻在告诫创业者，要从战略层寻找、确定目标，从战术层分析目标，最终在运作层以脚踏实地的运营、运作去实现目标，这才是走向成功的正确路径。

战略成功落地，需要四种能力

管理学家亨利·明茨伯格（Henry Mintzberg）在《战略手艺化》中说过这样一句话：“管理高层的大部分时间不应该花在战略制定上，而应该尽可能执行已有的战略，使组织变得更有效率。”由此可见，虽然战略本身对企业发展至关重要，但对企业管理者来说，如果战略不能落地，那就是一座“空中楼阁”。

但是，在现实的商业社会里，战略成功落地的案例并不多，因此战略落地成为企业发展的一大痛点。如果说战略的制定考验的是创业者高瞻远瞩的大局观，那么战略落地考验的就是创业者驾驭战略的能力。

在我看来，想要成功实现战略落地，创业者需要具备四种战略能力，即战略思维能力、战略机会把握能力、战略布局能力和战略耐力。

1. 战略思维能力：以第一性原理探求事物本质

战略思维就是创业者要用第一性原理去探求事物的本质，用终局性思维看待事物的发展规律，以此找到企业的前进方向和发展路径，克服可能遇到的种种艰难险阻。

战略思维能力的重要性在于，它可以帮助创业者看见、看清问题的本质，然后找到对应的解决方案。

> BuffX 的创始人亢乐是一位非常努力的创业者，但他做决断的能力存在明显短板。当时，他面临一次重要的选择，即判断公司到底是走规模化发展道路还是走利润最大化道路。他没有立即做出选择，而是先填满了自己的飞书日历，增加了各种拜访；他每天"朝六晚十"，永远都是最晚离开公司的人。就这样持续了将近半个月的时间，他依旧没有决定到底走哪条路。
>
> 就在他迷茫犹豫的时候，团队内部出现了混乱。

其实在我看来，这种团队出现问题是一种必然结果，因为没有战略方向的公司与一只无头苍蝇没有区别，只会盲目到处撞，怎么可能不乱？而亢乐之所以难以做出决断，最本质的原因就是当时的他缺乏战略思维能力，看不清当下的困局，也无法洞察未来的趋势，只能选择用战术上的勤奋掩盖战略上的懒惰。

后来亢乐找到我，痛陈公司遇到的困境。我帮助他梳理了现状，并用旁敲侧击的方式督促他主动思考，提升战略思维能力。后来，他拿出了一个比较适合公司发展需要的战略规划。再后来，BuffX 拿到了梅花创投的投资。

交流的最后，我对他说："努力多简单啊，按部就班地流流汗就可以了；判断多困难啊，要无止境地思考，还要为未知担责。但是公司就像一辆汽车，企业创始人作为司机，最主要的职责就是在无数条道路中选择一条适合自己的道路，而不是背着车努力地跑。如果企业创始人不具备战略思维能力，无法认真地做出准确的判断，那么企业发展道路的尽头一定是悬崖，越努力，死得越快。"

2. 战略机会把握能力：精准判断趋势性机会

"抓住了战略机会，花多少钱都是胜利；抓不住战略机会，不花钱也是死亡。节约是节约不出华为公司的。"这是任正非在 2001 年时讲的一段话，清晰明了地说出了战略机会和公司运营成本之间的关系，体现了战略机会的重要性。因此，创业者把握战略机会的能力尤为重要。这种能力是对趋势性机会的判断能力，比如能精准判断技术迭代、用户消费心理变化等带来的机会。

很多时候，战略机会并不是直接出现在自己的赛道内，而是其他行业的一种趋势变化对本行业产生了重大影响。一个比较典型的例子就是内容平台的崛起。

每一种媒体平台的兴起都会有价值洼地，比如，微博最早兴起时，在微博上发布广告很便宜；抖音和快手也对内容创作者采取过各种帮扶方式。在这个阶段，如果创业者具备强大的战略机会把握能力，便可以“乘势而起”，高效成长进化；反之自然会事倍功半，甚至遭受挫败。

> 柯达曾是令无数美国人感到骄傲的品牌，它也曾是影像行业当之无愧的“一哥”。1883 年，柯达的创始人伊士曼发明了胶卷，给摄影行业带来了革命性的改变。1892 年，伊士曼成立了柯达公司，此后，人们几乎可以把胶卷与柯达公司画上等号。
>
> 100 多年后，数码摄影时代来临，而柯达的领导者没有把握住这次转型机会。直到 2003 年，传统影像部门的销售利润大幅缩水，他们才意识到问题的严重性，虽然做出了一些调整，但为时已晚，只能无奈地吞下苦果，将数码相机市场“拱手相让”给了佳能、尼康、索尼等品牌。2012 年 1 月 19 日，身处困境的柯达提出了破产保护申请。

曾有创业者对这种依赖其他行业东风起后搭便车的能力产生过质疑：“‘搭便车’的能力是不是‘捡馅饼’的能力？天上有‘馅饼’掉下来，如果你捡到了，‘便车’是不是也就搭上了？”仔细思考之后，我发现二者在本质上存在两点明显的区别。

第一，我强调的“搭便车”是一种主动的行为，其前提之一是创业者能够观察到市场趋势的宏观变化，并从中发现潜藏的巨大机会。以快手、抖音为例，有的人只注意到短视频给用户带来的快乐，有的人则注意到了这类应用软件背后巨大的流量及无穷的价值洼地。毫无疑问，前者通常难以获得短视频平台带来的流量红利，自然也就搭不上这趟便车。

第二，能不能捡到、吃到天上掉下来的“馅饼”，这纯粹是运气问题。创业成功不能否认运气的因素，但仅靠运气获得成功，基本上也不太可能。

“搭便车”体现的是一个人对战略机会的把握能力，与“捡馅饼”相比，“搭便车”更可控一些。只要创业者不断地提升自己的战略机会把握能力，就有可能抓住“搭便车”的机会。

3. 战略布局能力：动态看待积极因素的内在关联

战略布局能力要求创业者能够动态看待各种积极因素的内在关联，当一家企业的战略布局成本最低时，就能获得最大的收获。梅花创投投资的“会买车”创始人刘伟，就是一个具备强大战略布局能力的人。

> 2009 年 9 月 1 日，刘伟在身边所有人的反对声以及不可思议的眼神中，辞掉了 1 年可以轻松挣几十万元的汽车销售工作，毅然决然地走上了创业之路，创办了“会买车”。

> 创业初期，国产汽车品牌的企业在国内攻城略地，发展势如破竹，“会买车”也借着这股东风四处扩张。刘伟用了5年时间，从一个200平方米的小店做起，在珠三角地区发展了20多家4S店，年营业额突破20亿元大关，年利润也超过千万元。

> 2016年是国产汽车品牌发展的高峰期，“会买车”也在这一年走上了第一个巅峰，公司的营业额、利润率、员工人数等指标屡创新高。在这一年，刘伟成立了集团公司。

但在企业快速成长进化的同时，刘伟心中也隐隐有一些担心。在他看来，汽车行业的未来不可能以4S店的模式持续发展下去，原因在于这种模式的资产太重，数千万元的资金砸到一个面积高达数千平方米却只经营一个品牌的4S店，属于严重的资源浪费。此外，因为汽车行业的产业链特别长，也形成了很高的行业壁垒。

要想真正解决这些问题，搭建一个全产业链、轻资产，同时具备强线下服务基因和拥有互联网思维的团队至关重要。在明确了这个关键点之后，刘伟便开始向市场展现其强大的战略布局能力。

> 接下来，刘伟用了2年多时间，把“会买车”打造成全行业第一个涵盖汽车全产业链的新零售平台，能够为客户提供全品牌新车、二手车的供应链资源、全方位的金融方案、全品牌的售后维修等服务。“会买车”为多种不同的体验场景搭建了样板店，比

如针对大型商超的商超店，针对大型社区的社区店，针对汽车一条街的商圈店，以及为一二线市场量身打造的旗舰店，以及针对四五线县域市场的5S店。

这些门店有一个共同点：小。其中最大的门店面积不超过300平方米，与之前动辄几千平方米的4S店相比，实在是小得可怜。然而，麻雀虽小，五脏俱全——形象统一、功能十分齐全、具备浓厚的互联网气息。最重要的一点是，这种门店的投资额非常小，单店投资不超过30万元，如果经营得当，开业当月就能实现盈利，最快的半年收回成本，最慢的也不超过1年。

除了线下，刘伟还展开了线上新媒体的布局，完善了直播矩阵，将流量变现，“会买车”打通了汽车行业线上线下新零售销售渠道，在服务受众的同时，还推出了系列质优价廉的汽车周边产品。

得益于良好的布局，“会买车”在2021年下半年创造了销量千台的可观成绩，成为业内标杆。

4. 战略耐力：舍九取一

在大部分情况下，所谓战略布局，就是创业者在做抉择与取舍时，到底是追逐眼前触手可及的短期利益，还是追求更有发展潜力、更大的长期利益。我之所以要强调战略耐力，是因为很多创业者缺乏非常明确的战略目标，容易被短期利益“诱惑”，从而断送了后续发展的可能。而当一名创业者具备了强大的战略耐力，便可以做到“此心不动”，以阶段性的沉寂获取企业发展的更多可能性。

战略耐力的最高境界是舍九取一。很多创业者理解的战略取舍，是抛弃掉九个不好的选项，选择好的那一个，这是比较常见的场景。但是，如果面对的十个选项都有长远的发展前景，此时应该如何抉择和取舍呢？

所谓舍九取一，就是即使十个项目都能赚钱，创业者也应当下决心舍弃其他九个，把所有的资源和精力投到最好的那一个。这种决策考验的是创业者的智慧、勇气和决断力，同时，这也是战略耐力最直接的体现。

纵观市场中那些成功的企业，有很多都经历过战略取舍。京东的轮值 CEO 徐雷曾透露，在确立“信赖”和“以客户为核心”这两条企业价值观之前，京东所有的高管一起闭门磋商了四天四夜，做了大量的取舍。特卖电商唯品会也经历过“舍九取一”的时期。

> 在回归“特卖”战略之前，唯品会也尝试过进入其他赛道，比如转型平台电商、社交电商，与腾讯、京东等企业合作，都取得了一些成绩。但是相较于做自己擅长的事情，即“特卖”领域，这些尝试并不能让资本市场满意。因此，唯品会制定了“舍九取

一”、回归“特卖”的战略。唯品会董事长兼 CEO 沈亚表示：“这一决策的重要性甚至不亚于与腾讯、京东的战略合作。”

对初创企业来说，发展规划最重要的就是把有限的资源投到“刀刃”上。因此，创业者一定要有以上四种战略能力，分清长期收益和短期收益，处在下风时不盲动，不浪费“枪支弹药”，学会在寒冬中“广积粮、练内功”。只有这样，才能在决定企业命运的大机会来临时抓住它，用 100% 的“弹药”全力以赴。

守正不图奇：朴实的战略才是王道

创业者有冲劲儿是好事，但盲目地追求结果绝对不可取。在创立梅花创投的这些年里，我见过很多非常好的项目最终惨淡收尾，一个最主要的原因就是创业者总想出奇制胜。

我与 BuffX 的创始人亢乐讨论过创业奇招这一话题，我们俩最终达成一个基本共识，即总想出奇招是愚蠢的。许多创业者在回顾商业历史时，会认为一些功成名就的企业家和他们的企业都经历过“幸运”时刻，所以这些创业者会抱有大量的侥幸心理，总想着“万一成功了呢？”“等一等吧，万一增长了呢？”

但是，公司的发展讲究市场规律，就如同耕种农作物讲究时令节气，以奇招取得的成绩就像被拔出或拔高的农作物，根本无法长久、持续、稳定地成长进化。需要强调的是，那些所谓的“幸运”时刻背后，实际上隐藏着成功企业家难以估量的努力和积累，“幸运”不过是他们拼搏后自然而然的结果。

此外，如果一个创业者只能看到成功案例，看不到数量更为庞大的失败案例，明显是受“幸存者偏差”影响，这是战略、格局、认知能力不足的体现。缺乏认知和战略规划，只寄希望于侥幸的举措，不仅失败概率很大，还很容易消耗创业者的能量和对理想的热情。大家对此一定要引以为戒。

在我看来，一家企业要想建立合理的发展节奏，就要抛弃奇招，制定一个朴实的战略。梅花创投投资的珞石机器人的创始人庹华就是一位拥有强大战略能力的创业者。

> 一直以来，机器人领域都是市场追捧的热点赛道，随着国产供应链逐步成熟、人才加速涌入，大众的关注度持续上升等积极因素的影响，中国机器人产业的发展已经进入黄金期。
>
> 虽然时代和市场一片向好，但庹华并没有急功冒进，一味推动企业走向更大的市场，而是秉持本心，坚守公司当前发展阶段的战略定位：做标准化产品，追求技术和产品的领先。
>
> 庹华曾对我说：“我们将坚定地投资未来，吸引全球优秀的研发人才，不断构建产品和技术的引领能力，丰富我们的产品线，提升现有产品的市场竞争力和穿透力。通过认知升级、思维突破，不断升级存量，创造增量。”
>
> 珞石机器人不只是战略朴实无华，执行也一样守正、无奇。因为

度华知道，面对越来越大的增量市场需求，机器人企业能否满足行业需求的关键核心，是机器人的控制技术及面向具体行业、具体场景落地的产品力。这就倒逼机器人企业不仅要有底层算法做支撑，同时也要辅以上层工艺软件的开发。

为此，珞石机器人从底层的控制算法开始，通过持续进行技术迭代与技术创新，不断扩充和完善产品品类，搭建了工业机器人 XB 系列和柔性协作机器人 xMate 系列两大产品平台，成为目前国内少有的同时拥有工业和协作两条产品线的机器人公司。

而且相对于国外机器人企业，珞石机器人具有更强的本土化优势。依托于公司自主研发打造的新一代 xCore 控制系统平台和模块化产品设计，它们能面向不同的市场，更近距离地理解客户的需求，同时结合实际的垂直市场需求，快速推出全新的产品组合，以更快的响应速度来实现和落地。

创业切忌贪功冒进，相反，快慢结合、稳扎稳打才是取胜之道。稳扎稳打考验的是创业者的战略节奏能力，在企业成长进化时，创业者应把握好事务的轻重缓急，坚定自己的信念，不被市场和友商干扰。

一家企业的成功与否有很多决定因素，但与发展得快或慢关系不大，追求速成的结果往往是竹篮打水一场空。我一再强调，如今的市场具有多元化、多变等特点，一味求快、求奇，会使企业丧失试错、改错和转型的空间，走进无法回头的死胡同。相对地，如果创始人具有足够朴实、坚定的战略节奏能力，便可以将团队维持在一个安稳、上进的发展节奏中，加以慢慢积累和进化，便可以对抗市场的不确定性。

专注！专注！专注

在如今国内的市场环境中，腾讯、阿里巴巴、美团等企业是当之无愧的巨头，它们枝繁叶茂，涉及的领域极广。对于这些拥有独立生态的企业，我们很难用某一个行业去定义它们。以腾讯为例，在社会大众的认知里，它是互联网公司的典型代表，主阵地是社交和游戏。但在腾讯的大生态圈内，还包括了影视行业、二手车、医疗健康、电子商务、服饰等多个业务领域。

从创业者的角度看，每个行业的每条创业之路都面临巨大且残酷的市场竞争，从企业创立到在市场上站稳脚跟，拿到投资，是很多企业都很难跨越的一道门槛。如果有幸成功了，就会迎来另一个更加艰难的挑战，直接面对行业内体量庞大、能量惊人的巨头。

如何才能在竞争中活下来，并在行业巨头的重压下成长起来呢？我给出的答案是，保持足够的战略专注度，即阳明心学所倡导的“此心不动”。

王阳明戎马半生，未尝败绩，被尊称为“大明军神”。曾有人问他，用兵有如神助有什么技巧，他回答说："哪有什么技巧，只是努力做学问，养的是'此心不动'，如果你非要说有技巧，那'心不动'就是唯一的技巧，大家的智慧都相差无几，胜负就在此心动与不动。"

初创企业就如同新生的小草，首要目标不是向上生长争夺更多的阳光和生存空间，而是向下扎根，汲取更多的养分和水分。在观察了许多创始团队并与他们进行过深入交流后，我发现了一个成功的关键因素，那就是创始人的精力和战略的专注力。

当创业者具备了足够的战略专注力，便可以集中团队的精力、资金、思想去参与市场对抗，进而形成局部的竞争优势。梅花创投投资的"奇迹山"就是使用这一战术从赛道中脱颖而出的。

面对国内 MCN 机构赛道上盘踞的上万家企业，2017 年年底才成立的奇迹山并没有任何先发优势，草根创业的团队更没有资金、人才、资源等方面的优势。

我当时之所以看好奇迹山，就在于它的创始人杨浩的战略专注力。

杨浩十分清楚，初创企业的第一生产要素是勤奋。在这个行业里，核心竞争力是个人的网感[①]。因此，他就专注于“网感”两个字，打造了一个扁平化的组织架构吸引人才，并进行简单管理和持续奋斗。

得益于这种战略专注力，从 2018 年的第三季度开始，奇迹山每个季度可以打造一个千万粉丝级别的短视频 IP 达人账号，拥有超过 10 个千万级的头部达人。

虽然获得了不错的成绩，但是杨浩内心十分清楚，奇迹山并不具备行业领先的变现能力，公司营收并没有随着账号的成长而获得与之匹配的收益回报。此时的杨浩面临两个选择：追求短期利益和坚守初心。如果选择短期利益，就要控制公司的人数和开支，引入强销售团队，以求获得更高的个人回报。

大部分初创企业都倒在了从 0 到 1 的路上，而真正的挑战是在 1.0 ～ 2.0 的进阶之路上。

好在杨浩并没有被眼前的利益诱惑，选择了将战略专注力放到创业初心上，也就是通过努力坐到行业第一的位置。

---

① “网感”最初的用法是指互联网行业对员工的一种素质要求。在新媒体行业，网感就是对网络的感知能力，即对网络的悟性。举例来讲，如果你能通过网上的热点和用户反馈，快速地察觉一些端倪，有针对性地进行内容的挖掘与创作，进而达成自己的营销目标，那么大体上可以说，你是一个有网感的人。

由此，奇迹山便开始新的跨越和进化。

随着第一个千万级美妆账号“勇仔 LEO”的产生，奇迹山正式开启了垂类 IP 打造计划：千火计划。后来，当电商直播项目初步成型时，奇迹山广告和品牌带货的双轮驱动也开始产生动能，不断推动企业发展。

而这一切都源于杨浩的战略专注力。

截至 2022 年 3 月，奇迹山旗下达人全网粉丝数突破 4 亿人，月度视频播放总量超过 7 亿次，合作主流平台数超过 20 个，合作各行业头部品牌超过 1000 家。与此同时，奇迹山也收获了来自各平台与媒体的认可，比如获得了中国国际广告节最具年度影响力 MCN 机构等数项荣誉。

我对创业之路做过总结，大致可以分为三步。

第一步，生存为主。企业在初创的前两年，最主要的任务就是求生存，产生灵活的现金流，为接下来的发展打下坚实的基础。

第二步，站稳脚跟。生存得到保证之后，接下来要做出成功的商业模式，并着手打造个人名片。

第三步，坚持下去。俗话说“十年磨一剑”，在坚持的过程中，也就是在创业的 8 ~ 10 年间，企业要做的就是奠定行业地位。

三个阶段的核心内容只有两个字：专注。一个人所专注的事业其实就是他的最佳名片。当别人谈及某个行业就会提及某个人时，他就成功了。从我的市场经验来看，成功的路上并不拥挤，因为能持之以恒的人很少，能拥有战略专注力的人更少。

另外，不专注就意味着核心资源被分散。资源散则力量散，这意味着没有市场竞争力。我相信很多企业创始人都明白这个道理，但在将道理落地时，很多人总会出现种种差错，其中最大的症结就是做不到战略专注。我在 2006 年创办的酷讯网之所以会失败，一个很重要的原因就是缺乏战略专注力，业务面过于宽泛。

在酷讯网项目失败后，我进行过深入的反思，并总结出三个问题：现在的业务是否足够安全？是否做到了行业第一？这个赛道是否还有上升空间？显而易见，这些问题的核心要素之一依旧是战略专注力。

为了帮助各位创业者更好地培养战略专注力，我从市场经验和观察中，总结出了影响专注力的四大方面。

1. 所从事的事业对创业者有强吸引力

我们经常说“兴趣是最好的老师”，事实也的确如此。它背后的逻辑在于，一个人能否专注于当前的事情，与这件事情对他是否有吸引力密切相关。做一个简单的对比，同样是创业，一个创业者追求自己的梦想，有很强的主动性和意愿；另一个创业者只是因为有机会想试一试，行业本身对他并没有太强的吸引力。最终二人成功的概率，我想一定是前者更大。

2. 自身与他人的连接能力

孤掌难鸣，任何一个成功的组织都不是靠单打独斗建立起来的。而且，在如今这种变化快速且剧烈、竞争频繁且激烈的市场环境中，企业的生存和持续成长都必须依靠一个完整、团结、具备强大连接能力的团队。

3. 自身的身体状态和情绪状态

创业不是一朝一夕的事情，而是一场可能持续多年的持久战。如果没有健康的身体和平稳沉着的心理状态作为支撑，即便其他条件十分成熟，成功也很可能是可望而不可即的。

4. 创业者自身的意志表现

坚持是对意志的考验。创业者能否耐得住长时间籍籍无名的状态，是否撑得过绝望期，是否具备带领团队走出绝境的决心和勇气，在创业之路上，这些问题随时都可能困扰创业者的心智。创业者要拥有创业的信仰，要坚定内心这种信仰，坚韧不拔的意志是最好的保障。

总之，对任何一家企业来说，创始人的认知在很大程度上决定了企业的前进方向。如果他好高骛远，目标设定得远超团队的能力范畴，那么企业的发展节奏就会被人为加快，呈现一种不健康的状态，团队成员也会因为难以达到既定目标而疲惫不堪，最终导致公司难以为继。同理，如果创始人的目光过于分散或短浅，也会导致公司不能健康发展，进而被市场淘汰。

第三章

心力：创业进化的力量之源

“事”与“难”是每位创业者都要面对的两种因素。在一些人眼中，它们是成长的阶梯；在另一些人眼中，它们则是前进的绊脚石。至于是阶梯还是绊脚石，完全取决于创业者的心力强大与否。如何应对来自内、外部的压力，提升自己的自适力，“心力”将起到关键的作用。

有能力者强，有认知者胜，有心力者远

我在成立梅花创投、成为专业投资人之后，见过很多优秀的年轻创业者，也遇到过很多有前景的项目和想法。但梅花创投并没有为每个优秀的创业者和好项目投钱。原因在于，人是一种极为复杂的动物，由一个或多个人主导的创业项目就更加复杂了。不管是创办、经营一家企业，还是投资一家企业，我们的目的都是希望企业能够红红火火地长远发展，获得利益。

因此，当我们换个角度去看待投资行为，便可以将它理解为如何选择一个有潜力的人才和一家有发展前途的公司。根据从商多年的见闻和对诸多成功创业者的观察，我总结出人生的成功之路是有迹可循的。我提出自适力构建模型，初衷也是希望帮助广大创业者找到属于自己、适合自己的成功之路。

当然，需要指出的是，他人可以给你指一条路，但具体如何走，能否如愿走到终点，还是依靠创业者的心力、认知能力和战略能力等因素。简而言之，有能力者强，有认知者胜，有心力者远。

能力是创业的基础。此处的能力不只是出自某一个人，也可以是一个集体的综合能力。如何将项目或想法落地？答案是必须依靠过硬的专业能力。举一个很简单的例子，同样是做早餐的两家餐馆，其中一家厨师的厨艺高于另一家，在价格和其他市场因素保持相对一致的情况下，一定是前者对消费者更有吸引力。

当然，大多数创业者会认为自己拥有足够的能力支撑企业发展，否则他们也不会走上创业道路。在我看来，领导者的能力高低固然重要，是需要慎重考量的一个因素，但却不是决定性因素，比它更重要的是创业团队的整体能力，以及团队内部能力是否匹配、相融。

最典型的案例莫过于投资界的两位传奇人物：沃伦·巴菲特（Warren Buffett）和查理·芒格（Charlie Munger）。历史成绩已经证明，他们二人即使独自投资也可以达到他人难以企及的高度，然而天赋和能力超乎常人的两个人，却可以在 60 多年的合作中亲密无间，创造一个又一个投资界的神话。

其实换个角度来说，创业团队的整体能力就是投资人重视的团队能力之间协作共进，而非个人英雄主义的单打独斗。回顾一些极负盛名的大型企业的成长之路，几乎都是个人能力强大且融洽的团队的胜利。这一点，在足球运动中有直观的体现。

> 在比赛之前，任何一支成熟的足球队都会有一个 23 人的大名单，其中上场的有 11 人，其他 12 人作为替补队员。

上场比赛的11人分为四种角色：前锋、中场、后卫、守门员。

前锋是球队进攻的主力，其主要任务便是把球送进对方的球门。因此，对前锋而言，需要具备“撕破”对方防守线、进攻得分的能力。而在防守回合，前锋也应当积极回到中场甚至后场，协助队友防守。

中场球员负责前后场的连接和协调。面向前场，中场球员要组织进攻，为前锋输送“炮弹”；面向后场，中场球员又成了团队的第一道防守线。这也是许多著名中场球员被称为球队“大脑”“指挥官”的原因。能力方面，一名优秀的中场球员首先需要具备阅读比赛的能力，即观察双方的进攻、防守形势，并且要有效控球，也要准确传球。

后卫的首要职责是防守，阻止对方形成有威胁的进攻。在由守转攻的过程中，后卫也要有能力成为进攻的发起点，做好一传。在一些全攻全守的战术中，后卫有时也需要伺机进入前场，直接参与进攻。

守门员是球队的最后一道防线。而在己方的进攻回合，守门员也可以视作攻击的发起点。

球队的替补队员同样至关重要。当比赛局势出现不利变化或场上

> 有己方队员受伤时，教练就要选择合适的替补队员上场，以保证整支队伍的作战能力。从这方面看，替补球员最主要的职责或能力就是成为球队的“现金流”。

相较于一支足球队，企业是一个更复杂、更多元的团队。如果企业领导者无法做到协调组织资源、润滑组织关系，导致员工无法最大限度地发挥自己的能力，甚至彼此冲突，形成内耗，那么企业的生命力也会随之减弱，直至消亡；相反，当团队磨炼成熟、“利出一孔”时，便会爆发出强大的战斗力。

创业者的能力决定了一家初创公司能否扬帆起航，创业者的认知则决定了企业的前进方向，它是最终结果的风向标。如果方向出现差错，企业供给的产品或服务不被市场和消费者认可，那么所有的努力也就不具备价值和意义。

如果说创业者的能力是企业扬帆起航的基础，那么创业者的心力就决定了“创业航行”能否走得稳，走得远。一个十分典型的案例就是《西游记》中的师徒四人。无论是降妖伏魔的能力，还是认知取经之旅难易程度的洞察力，唐三藏都远远不如他的三位徒弟，但最终推动四人克服九九八十一难、到达西天取得真经的最坚定的力量，不是三位徒弟的超凡能力，而是唐三藏矢志不渝、不到西天不回头的强大心力。

创业之路就是创业者的“取经之旅”，可能要经历不止九九八十一难。企业能走多远，能发展得多么茁壮，很大程度上取决于创业者的心力。在经营梅花创投的多年时间里，我见识过很多资金、技术、团队都十分出色的创业公司，最终却消失得无影无踪。其中，我在服装赛道内见到的一位创业者就是一个比较典型的案例。

> 我是通过一位投资界的朋友介绍认识这位创业者的，并相约一起吃饭。我在交流的过程中了解到，他的团队确实十分优秀，有充足的现金流，也有名校毕业的设计师，从客观条件看，企业的前景可谓是一片光明。
>
> 但是在饭后，我明确地对朋友说不会投资这个项目。原因是，这位创业者在讲述企业成长过程中遇到的困难和挫折，以及对未来可能会面临的挑战时，总是一副愁眉苦脸、胆战心惊的表情，缺少创业者该有的一往无前、无惧失败的心力和勇气。
>
> 果不其然，后来这位创业者因为顶不住市场竞争的巨大压力而频频决策失误，从而葬送了手中的一把“好牌”。

这种状况一方面体现了市场竞争的残酷性，另一方面则说明了创业者的心力对于创业成功的重要性。创业者心力不够，无法支撑团队在困难中生存下来；反之，也有许多不被看好的企业，最终得益于创业者常人难以企及的心力而创造了奇迹。

提升心力，需要“不断加难度的”一万小时定律

创业如同登山，每前进一步，都意味着接下来的一步更加困难。我在微信朋友圈发过一条信息：“一旦你踏上创业之路，日子会一天比一天艰难，因为要解决的问题一个比一个大，遇到的问题难度系数也在不断提高。”

“会当凌绝顶，一览众山小”，创业者要想登顶山峰，就需要咬紧牙关，走好脚下一步比一步更艰难险峻的路程。

作家马尔科姆·格拉德威尔（Malcolm Gladwell）在《异类：不一样的成功启示录》一书中写道：“人们眼中的天才之所以卓越非凡，并非天资超人一等，而是付出了持续不断的努力。一万小时的锤炼是任何人从平凡人变成世界级大师的必要条件。”这便是广为人知的“一万小时定律”。

无论是商业市场还是其他任何一个领域，那些站在山峰高处甚至顶处的人，无一不是坚持走过了“一万小时”的登山之旅、扛住了过程中的雪与风。2022年北京冬奥会期间走进大众视野中的“青蛙公主”、中国女子自由式滑雪运动

员谷爱凌，就是一个十分典型的例子。

> 在其他孩童还在家中享受家长的宠爱时，三岁的谷爱凌就已经来到滑雪场开始学习滑雪。观众看到的比赛场上的滑雪是一项姿势优雅、略带惊险刺激的运动，其实滑雪是一项名副其实的高危险性运动项目。
>
> 但谷爱凌在一次次伤痛中坚持了下来。
>
> 13 岁时，谷爱凌摔断过锁骨。
>
> 15 岁时，她又在一次跳台训练中不幸脚骨骨裂；同年年末，在备战世界杯中国站比赛前的训练中，谷爱凌摔到了头部并当场失忆，后来被诊断为脑震荡。
>
> 2021 年 3 月，在世锦赛之前，她的右手粉碎性骨折，大拇指韧带断裂，甚至连握住滑雪杖的简单动作都无法完成。但谷爱凌仍然坚持带伤参赛。为了获得更多的积分，她做出了一个十分大胆而果断的决定——在最终的决赛中“做一个从来没做过的动作”。这是谷爱凌刚刚学会的一个没有经过任何实战检验的动作，但也正因为她的果断，她最终获得了一枚铜牌，积累了相关的动作经验和参加北京冬奥会的排名积分。

我本人也是滑雪运动爱好者，几乎全程关注了相关比赛。当谷爱凌在场上做出精彩的动作时，我都会拍手称赞，既为她的能力喝彩，也为她敢于登上比赛场的勇气喝彩。

但是，当我进一步地了解了谷爱凌“一万小时”的成长路程后，我心中的欣赏变成了尊敬。在我看来，任何一位敢于在困难中坚持自己事业的人，都是值得他人尊重的勇士。任何一次为人称道的成功背后，都隐藏着数不清的苦与痛。

说到“一万小时定律”，其中有一个十分关键的词语——必要。大家需要理解的是，“一万小时”是必要而非充分条件，并不意味着在某件事情花费了时间，便可以成为大师。要想获得真正的成功，成为“世界级大师”，在践行该定律时就应该做到“‘不断增加难度的’一万小时”，就像谷爱凌十几年如一日做的一样。“胜人者有力，自胜者强。”在商业竞争中，战胜他人可以获得成就，战胜自己才能获得成功。

“‘不断增加难度的’一万小时定律”有两个关键点，大家需要时刻注意。

1. 坚持才能胜利

一天中最冷的时段是在日出前后，而创业之路，就如同在漆黑的、愈加寒冷的夜里摸索前行。如果创业者扛不住不确定性带来的恐慌，忍不住越来越低的气温带来的苦难，自然也就无法迎来黎明，享受黎明之后的温暖。

在创业过程中，遇到资金困难是很寻常的事情，梅花创投投资的木鸟民宿就经历过这样的窘境。

据公司的创始人黄越回忆，在几年前，他们曾谈妥一笔投资，甚至已经签了合同。但戏剧性的一幕是，就在对方正式打款前，彼时行业中市场占有率第一的爱日租突然倒闭了。投资人打来电话询问具体的倒闭原因，然而黄越也不明所以，只能回答不知道。面对这种状态，投资人认为有风险，便没有投资。

对黄越和木鸟民宿来说，没有拿到这笔投资就意味着没有办法给员工发工资。黄越咨询了各种贷款方式，发现流程都太慢了，根本来不及。已经走到“绝路”的黄越在经历了一夜的思考之后，决定把自己的房子卖掉，继续经营木鸟民宿。

当时，房子售价比市场价低了近 10 万元，但好在能够支付员工的工资。后来公司的业绩一路飙升，很快拿到了一轮融资，之后又连续拿了三轮融资，平台越做越大。

黄越说：“现在回想起来，当时那份坚持特别重要，如果那时候退缩了，就没有木鸟民宿的今天。我相信木鸟民宿在以后还会遇到更大的困难，但是自己内心也会在这样一次又一次的磨砺中强大起来。像这次新冠肺炎疫情已经 2 年多了，但是自己依然非常乐观、积极向上，就是因为前面经历过很多磨难，我们对困难有充分准备，对克服困难充满信心。”

2. 越过自己的边界去挑战自己

“一万小时定律”之所以是必要而非充分条件，极为关键的一个影响因素是践行者的态度及效能。不同的态度意味着不同的出发点，不同的效能影响践行的成就大小及达成速度，自然就会产生不同的结果。

以滑雪为例。我经常去滑雪，但我十分清楚地知道，即便真正做到了“一万小时”的练习，我也无法像谷爱凌那样成为奥运冠军。因为我们两人对待滑雪这件事的态度不同，滑雪场是谷爱凌的“战场”，但它只是我的“娱乐场”。

我抱着放松娱乐的目的去滑雪，自然不会在意如何最大化保持平衡稳定，也不会去做那些有观赏性却十分危险的动作。与一般的爱好者一样，在滑雪的“一万小时”里，我可能只会偶尔越过自己的能力边界去学习一些新动作，即使学不会也无伤大雅。

但这对谷爱凌来说也是无伤大雅吗？当然不是。不管创业者还是不断追求超越的专业运动员，每天越过自己的能力边界去挑战自己、成就全新的自我，才是他们要面对的常态。这也是他们能够在其所选的“战场”上继续生存下去的必要条件。

爱数智慧的创始人张晴晴就是这样一位越过边界挑战自己的创业者，梅花创投当初在投资她们这个团队时，看中的就是张晴晴的这一特质。后来在一次交谈中张晴晴告诉我，正是因为敢于不断挑战自己，才让她获得了越来越强大的心力，从而不断完成自我突破，实现进化。

张晴晴的创业使命和理想，是希望变革数据的生产方式。作为一名在人工智能领域摸爬滚打 16 年的“老兵”，她深刻地认识到，数据的生产模式效率低下是人工智能技术前进的最大阻碍。只有从根本上颠覆数据的生产模式，才有可能发挥人工智能的力量，从而推动人类社会的前进。

因此她认为，企业应该尽快用预训练的技术，帮助数据处理员提高处理效率，但是团队中的其他人并不理解这种模式，甚至有一位合伙人质疑她：“你觉得投入这些研发，效率能提高多少？”张晴晴回答说：“如果干得好，可以提高 50% 以上。”对方讽刺说：“别说 50% 了，能提高 10%，就算你厉害。”

面对合伙人的不信任，张晴晴也委屈过，也曾自我质疑，但骨子里那种不服输的劲头一直支撑着她一点点地实践着自己的想法。后来，公司的运营人员试着把预训练后的结果放到业务侧运行了一遍，结果效率整整提高了 30%。在听到这个消息的那一刻，张晴晴的眼中再次有了光！

每个人都有边界，可能是能力或认知，也可能是格局或视野。如果创业者把它视为不可逾越的一道墙，从而心生畏惧，那么这个边界就是企业发展、人生成长的天花板；相反，如果创业者具备挑战边界的心力和勇气，那么就能像张晴晴一样，不仅实现了自我成长，还可以打破团队的边界，带领企业创造奇迹。

在众多顺风顺水的创业者中，其实看不出彼此之间存在怎样的水平差异，因为外人无法分清使得他们成功的是大势的作用更多，还是创业者自身的认知力和心力更多。

逆境可以将创业者区分开来。选择创业，就要与时俱进，就要坚持到底。事隔多年之后，一路上经历过的苦难，忍受过的痛苦，会从当时的天崩地裂化为风平浪静的心力境界。

我经常对其他人说：创业就是创业者带领一群未知的人，去一个未知的地方，干一件未知的事情。自始至终，创业都在与不确定性为伍，其成功概率之低、过程之艰难，超出绝大多数人的想象。在这趟探索之旅中，之所以有的人走到了终点并成为心力强大的人，有的人被困难击垮，消失得无影无踪，最根本的区别便是创业者在面对不确定性和困难时所采取的方法和秉持的态度。

> 鲨鱼菲特的创始人强小明是一位连续创业者，在 2013 年到 2022 年的近 10 年间，他经历过顺风顺水的辉煌，也经历过失败与迷茫。在回顾这段创业经历时，强小明将自己的心境变化大致划分为三个阶段。

第一个阶段：2013 ~ 2015 年

这段时间，强小明主要做电商代运营、咨询顾问等服务项目，服务了包括五芳斋、稻香村、华美、老金磨方等在内的数十个知名品牌。因为这些成功，强小明与团队的心态急剧膨胀，这种心态让他们忽略了品牌方自带的号召力及电商的时代红利，误以为是公司强大的运营能力造就了大大小小数十个类目第一名的好成绩。

第二个阶段：2015 ~ 2018 年

从 2015 年开始，强小明决定自己做品牌。为此，他们启动了一个茶叶项目，为了快速做大规模，他们买了一个商标，仓促地搭建了一个团队，然后开始简单粗暴地找供应商供货、冲量打爆款。因为心态上的膨胀，他们对用户、产品、供应商管理、食品安全、工商税务、现金流管理等所有经营要素，都处于一种“无知”且“无敬畏之心”的状态。甚至连供应商在产品中添加色素这种事情，强小明都是在被投诉后才发现的。这种项目怎么可能长久呢？

所以强小明团队落地的项目，基本上都会很快因为各种原因失败。更让人觉得可笑的是，他们根本不知道这些项目是否盈利，因为他们没有独立的财务。

后来，强小明意识到队伍存在的问题，开始进行各种调整，但是最终也没有起色，整个人自信崩溃几乎要跌入绝望之谷。

第三个阶段：2018 年开始

值得庆幸的是，强小明并没有被这种绝望击败，他开始对公司进行“刮骨疗伤”，参照阿米巴模式大刀阔斧地调整了团队架构，施行集团化管理：每个项目成立一个子公司，选派一个合伙人做总经理，每月出财报，分析经营情况，控制每个项目的风险。

调整之后，强小明和他的团队变得更加强大，他们在 2019 年创办的品牌鲨鱼菲特先后完成了 6 轮融资，融资金额高达数亿元，估值更是高达数十亿元（2022 年数据）。

世间的路，好走的并不多。再耀眼的成功者，光芒之下也藏着无数疤痕。成功的人之所以能拥有今天的成就，靠的就是四个字——精神不死。

精神不死，即心力长存。反过来讲，正是成长过程中跨越种种阻碍，练就“天下无敌”的心力，做到不怨恨、不急躁、不过度、不悲观、不慌乱、不忘形，才能不断攀登，最后“会当凌绝顶，一览众山小”。

心怀热爱，夯实心力

“兴趣是最好的老师”。一个人对眼前所做的事情心存热爱和激情，就会无比专注，产生更加深刻的认知和理解。对创业者来说，决定创业的首要因素是热爱自己的事业，而不是仅凭一时冲动，或者认为创业是一次机会、一次人生体验。为自己热爱的工作拼搏其实是一种莫大的幸福。

上海长欧清北管理咨询有限公司的创始人，“小镇青年”龙东平就是这样一位幸福的连续创业者。

在第一次创业之前，龙东平做了 7 年职业经理人，对市场运作规律有一定的理解和积累。2010 年年初，他开始了自己的创业历程。截至 2022 年，龙东平已经连续创业四次，前后完成了五轮累计约 8000 万美元融资。

回忆这 12 年的创业经历，龙东平对我讲：“并没有成功上市，走向人生巅峰，反而公司被同行并购了。”这些年，他经历了各种戏剧化的变故、低谷和辉煌时刻，也收获了很多感悟，其中最重要的一条就是“认清自己，找到真正所爱。”

对事业真正的热爱是创业者最好的动力源泉。如果缺乏对所做事情的热爱，那么创业者的直觉就会迟钝，久而久之，对创业的激情也会被消磨殆尽。

在前三次创业失败后，龙东平到中欧国际工商学院读书。那段时间，他让自己沉淀下来，复盘自己之前的创业和人生，并逐渐确定了自己真正热爱的事业和使命。能够做到这一点，无疑是一种幸运和幸福。2022 年，龙东平又一次踏上了创业之路，成立了上海长欧清北管理咨询有限公司。

龙东平之所以会选择这个赛道，是因为他在复盘时意识到，自己是一个热爱读书、热爱学习的人，会一直思考创业底层的内容，比如底层商业认知，组织创新与领导力，识人、用人、育人，团队日常管理，绩效激励考核和科学分配利润，营销的本质与获客，品牌影响力打造，借力资本和金融的逻辑，等等。他非常享受总结提炼这些知识并分享给其他创业者的过程，同时他也希望自己的总结和分享能帮助更多的创业者。

后来，龙东平通过视频号、公众号、抖音等渠道，吸引了 3 万多位创业者添加他的个人微信。在与这些创业者进行更深入的探讨、组织私董会、组建创业社群的过程中，龙东平对创业底层内容的认知和总结也得到了正向加强，这种加强又能反哺给他周围的创业者，进而形成了一个良性循环。

成为 CEO 教练之后，龙东平陪伴多位创业者带领企业从初创阶段的十几人团队进入高速发展阶段。

在管理咨询赛道内，优秀的创业团队和项目特别多。如果仅从客观实力看，比龙东平更有竞争力的创业者大有人在，而我当时之所以会选择龙东平，就是因为他展现出的对创业的热爱之情，以及这种热情带给他的无穷无尽的能量。

与“做尝试”的创业者不同，心怀热爱的创业者在看待、对待当下的事业时，会更多地从一种正向积极的思考出发，自然也就形成了强大的心力，即便企业面临看起来难以突破的困境，他们也能产生强大的斗志，而不是心生退却之意，想着“换条道路，从头再来”。

“易到用车”（以下简称“易到”）的创始人周航曾对自己的创业历程进行反思，并总结说，“易到”并不是他最想干的事，本质上，这个事业不是最适合他的，他只不过是做出了一个理性的判断，在想干、能干与可干之间，找到了一个交会点。

周航回忆说：“‘易到’后来遇到的挑战，与我的个性，包括团队的特质有很大关系。‘易到’A轮融资时，曾经有一个投资人和我们洽谈，当时签了投资意向书，但最终没有投资。后来他评论说，‘易到’所做的事和我这个人的特质不太匹配。当时我听了不太服气，现在我必须承认，他说的是对的。在‘易到’发展过程中的很多关键时刻，我没有做出最合理的选择，这与我的性格特质有关。很多人认为‘易到’最后没有在出行领域获得竞争优势是外因造成的，但我觉得，虽然‘易到’的失败不乏外因的影响，但本质上是因为‘易到’所做的事情不是最适合我的。从这点看，我就没那么大的遗憾了。”

不管创业还是人生，大家可能都有这样一种体会：在做自己热爱的事情时，总会自然而然地投入更多精力和专注力；在观察、思考、总结时，也会比做其他事情更加深入、深刻。我们将龙东平和周航的案例做一个对比，就能明白一个道理，抛开最终的结果和成绩不谈，创业者能够找到心甘情愿为之奋力拼搏的事业是一种幸福。

梅花创投投资的“清泉出山”，就是一家由热爱和使命感支撑起来的企业。

清泉出山的创始人邸杰是饮料行业的一名“老兵”。他曾在可口可乐工作，当时他就对这样一家能够坚持百年的成熟品牌充满敬佩之情。如此复杂的体系，却能够有条不紊地运行和传承，最关键的是，每个身处这个体系的员工都怀有很高的自豪感，这一切让邸杰感到震撼和羡慕。就是从那个时候开始，一颗种子深深地埋进了他的内心：自己能不能也创建一家这样的饮料企业，输出的不仅有可以喝的饮料，还能有品牌的文化和传承。

基于这种信念，邸杰在2019年和他的合伙人孙治强创立了“清泉出山”，旨在全心全意地做出更好的产品，培养更好的品牌文化，把更好的消费体验带给消费者。同时，邸杰给这个品牌赋予了一种核心精神：“清泉出山，水滴石穿”，希望企业能够像可口可乐一样长久地经营，建立一个能够传播、传承的品牌。

在和邸杰多次交流的过程中，我从来没有听他直接说过“热爱”“享受”之类的词语，但是他对“清泉出山”的定位、给企业制定的终极目标，又无处不在体现他对这次创业的热爱。在这份深沉热爱的加持之下，“清泉出山”克服了成长进化过程中的诸多困难和挫折，获得了资本市场和消费者的青睐。

比如在2020年12月，邸杰根据自己对市场的观察和认知，推测未来几年消费品的主流方向，并大胆推出了330ml规格的气泡水，结果引爆了整个2021年，霸占了抖音、快手饮品销量的双料第一。

我常常对创业者强调，努力只能达成创业大环境中的及格线，为热爱的事业“拼命”才能成就优秀。人生和创业都需要“多多拼”，建立创业者的心力，拼出人生的术力、道力、念力、潜力，拼出局部的压倒性优势，人生和创业才能更加精彩。

将内卷转化为心力进化的动力

内卷是近两年的一个热门词语，内卷无处不在，有人的地方就有内卷。

其实大家都明白一个道理，即内卷会对个人、组织，甚至整个市场环境形成一种偏向于负面的影响。从社会层面讲，内卷大幅度削减了一个人努力所产生的价值。这种付出与回报难以构成正比的关系，又导致了另外一个社会问题："躺平"[①]。很多年轻人选择"躺平"，就是意识到努力没有价值了，就不想努力了。换言之，这也是对心力的削弱。

创业这条路上同样存在内卷，比如比拼创始团队的资金雄厚程度，比拼创始人的学历、从业经历等，如果创业者深陷其中，必定会对自己造成很大的消耗，企业的发展也会受到影响。在我看来，个人要想突破内卷，唯有读书，用知识积累沉淀自己的价值；组织要想突破内卷，唯有增长，由增长带来增量，由增

① 躺平，网络流行词，指人在面对压力时，内心再无波澜，主动放弃，不做任何反抗。

量突破内卷。

根据个人多年的创业经历，以及成为投资者见识了很多创业者之后，我总结出内卷三定律。

1. 预期定律

身处一个内卷的环境，每个人努力的价值都会降低，大家对回报的预期也会发生改变。简单来说，就是努力的预期回报与内卷程度成反比，与组织的成长空间成正比。而如何设定预期并同频到组织，就成了关键。

> 2019 年，刘思毅创办了“群响”。2021 年，抖音直播方兴未艾，“群响”的一些友商通过抖音打造出的个人品牌获得了出乎意料的收益。对此，刘思毅感到非常焦虑，甚至有点嫉妒，所以他也开始直播，每天声嘶力竭地宣传、卖货，收益只能说是不温不火，与他的预期相差甚远。
>
> 在与友商不断内卷的过程中，刘思毅及时醒悟，发现了两个严重的问题。
>
> 首先，直播的业绩充满了不确定性，而且持续的内卷对体力、心力的消耗巨大，刘思毅那段时间的心力和心态变得很不稳定。

其次，为了心中的预期而盲目地加入与友商的内卷，使得身为创始人的刘思毅难以估计公司的基本盘，而基本盘不稳定，自然就会导致团队状态不稳定。

在发现这两个问题及其可能会引发的危机之后，刘思毅立即停止了在抖音直播领域的粗鲁模仿，重新回到“群响”的基本盘，认认真真地制定服务方案，并在落实的过程中用心、用力。

跳出内卷的“群响”开始了真正的成长进化，客单价从999元涨到1999元，私董会的价格从29 800元涨到49 800元。截至2022年上半年，“群响”的会员数已达到8000人，来自各行各业私域流量也达到20万。

刘思毅曾经向我请教一个问题：在创业初期，有一些友商的规模已经比我的大10倍，我很焦虑，甚至有点嫉妒，应该怎么办？

我给出的答案是：创业这条路上没有人会不焦虑，当焦虑时，果断切断，你可以不再关注他们，不看他们，就不会焦虑了。

我强调的切断，并不是让创业者断绝与他人、与市场的连接，而是切断内卷对自己的影响，转向关注自身，包括目标、预期、结果等。比如案例中的刘思毅，如果从一开始就专注于“群响”的基本盘，那么现在的成绩可能会提前实现。但他受到友商成绩的影响，产生了不一定适合自己的预期，打乱了成长进化的节奏，参与了一场不应参与的内卷，白白浪费了时间、精力和心力。

2.“躺平”定律

对大多数人来说，在经历了内卷竞争，可能会进入“躺平”状态。但是，如果一个人的心力足够强大，便可以自我突破，避免进入“躺平”状态。换句话说，内卷会引发“躺平”，坚韧的心力则能够突破内卷，避免“躺平”。

> 我们不得不感慨“热度星选”创始人窦刚谊对市场敏锐的洞察能力和机会捕捉能力。2020年9月，抖音发布了一条公告称，从当年10月起，全面切掉第三方电商平台的外链。这就意味着，如果商家想享受抖音的流量红利，就必须开通抖音小店。
>
> 在更加深入地了解和分析了抖音电商的市场状况之后，窦刚谊发现了一个巨大的商机。
>
> 大家都知道，抖音是一个十分依赖推荐算法的内容平台，流量分布在成千上万的网红达人手里，非常分散。对商家来说，要经营好抖音小店，就必须具备内容创作能力、直播运营能力和主播资源，这是很多商家都欠缺的能力和资源。因此，网红达人和商家便可以达成销售和供货的合作关系，这就是创业者可以利用的机会——居中撮合双方。

在我看来，创业者“躺平”的一个非常典型的表现就是主动断开与市场的连接，不再观察思考市场趋势，只想着偏安一隅，而这么做的结果只有一个，那就是失败。如何避免“躺平”，除了心力的加持，还需要确认可量化的目标和预期。

3. 逃逸定律

在社会金字塔结构中，同质化的努力注定创业者无法从内卷中脱颖而出。创业者要想突破这种困境，只有两条路可走：要么向下沉，获得降维打击的能力，要么从高风险中修炼异质能力。

在决定抓住这个机会之后，窦刚谊又思考了一个非常关键的问题，即抖音能不能自己做这种业务呢？为此，窦刚谊做了大量的研究分析，最终得出的结论是平台不可能自己做。

原因主要有两点。

第一，如果要服务数量如此庞大的商家和主播，那么抖音平台需要培养大量的专业人才。更关键的是，这种服务很难标准化，也就很难通过技术和产品完全替代人工。

第二，平台已经收取了商家5%的抽佣比例，本身就有义务帮助

> 商家提升销量，如果再收取撮合交易的服务费，商家肯定不愿意接受。由此，窦刚谊确定，抖音平台一定会鼓励第三方服务商来实施这项业务，他们从中收取一定的技术服务费。

“同质化的努力注定创业者无法从内卷中脱颖而出”，这是内卷第三定律的核心。那么创业者就需要思考一个问题，什么样的努力是异质化的？很多寻找投资的创业者一直在标榜自己的项目独一无二，而在我看来，他们所谓的异质，不过是新瓶装旧酒，根本没有本质上的不同，又或者是将一些新兴的概念糅杂在一起，创造出一个不具备落地实施可能性的概念，自然也就很难吸引投资者。

那么梅花创投为什么会投资窦刚谊的“热度星选”呢？因为窦刚谊的一些思考和举措实实在在地切中了市场的痛点，也抓住了市场最本质的需求，找到了一个可操作、可期待的落地途径。这是与那些纸上谈兵的创业者最大的不同，也是最吸引我的一个点。

除此之外，窦刚谊在实际的经营过程中，也总结出一些属于“热度星选”的生存法宝：专注、深挖、快跑。在我看来，这决定着一家初创企业能否生存，是比资金、人才、经营模式更深层、更重要的因素，同时也是一名创业者最异质化的努力，是打破内卷的不二选择。

> **专注**。一个初创团队，不管是拼资金、拼团队还是拼资源，都很难与成熟团队相比，此时“专注”就显得尤为重要。创业者不

要惧怕竞争对手的实力有多么强大，因为对方不会做出“狮子搏兔”的举动，只会组织一个小团队和一个项目负责人来开展尝试，这时初创团队必须把所有精力和资金都投放在重点领域或核心业务上，做“单点爆破”。

深度。当初创团队的资产达到几百万元的规模时，就需要思考下一阶段的目标和发展，即做到 1 亿元、10 亿元需要具备哪些条件。然后反推，为了达成目标，创业者具体应该执行哪些步骤，应该在哪些方面重点投入精力和资金。大多数创业者会选择边走边看，如果有人这时候懂得提前布局规划，就能领先竞争对手至少几个月的时间。在一些情境中，几个月就能决定成败。

快跑。“天下武功，唯快不破”，“快”非常重要，但前提是创业者能找到最核心的发力点，如果方向不对或者发力点不正确，反而会起到反效果。

比如窦刚谊在“跑起来”之前，就深入地研究过行业内的独角兽企业，发现这些企业的团队大都是由几百人的产品技术团队和几千人的商务或销售团队构成，也就是说，这个赛道的服务需要大量的商务和销售人员。在“热度星选”的竞争对手仍处在摸索阶段时，窦刚谊已经组建了数倍于竞争对手的队伍，自然就可以提供质量、数量都远高于竞争对手的服务。

> 窦刚谊认为，如果企业在后续的发展进化过程中能够快速建立MVP模型，实现快速迭代，就可以建立规模壁垒。对很多行业来说，规模壁垒就是最大的壁垒。
>
> 正是因为窦刚谊具备对行业深刻的认知和独特的“生存法宝”，“热度星选”才得以在2021年连续完成四轮融资，全年业绩增长150倍，并在同类型的2000多家服务商里长期稳坐头把交椅。

内卷会把创业者的视野、格局和认知局限在一个很狭窄的范围内，使其进行最惨烈、收益却微乎其微的恶性竞争。但任何事物都有两面性，如果创业者能够像窦刚谊一样，调整心态、培养心力，以不同的角度看待内卷，从更高的层级去发现新机会，就可以将内卷转化为心力进化的动力，从而获得更好的创业结果。

掌控情绪，向内观照，探寻心力航标

在我接触过的创业者中，很多人拥有十分出色的综合素质和履历。但这些只能算是加分项，而不是决定项。相较于证书或语言表达出来的能力，我更在意他们是否真正在经营过程中做过大决策，有没有为自己的决策承担过责任。唯有在这种具有外界直接压力的场景中，才能检测出一个人是否具备坚韧的心力。

正视困境，才能找到出路。如果创业者陷入绝望无法自拔，任由自怨自艾的情绪蔓延，那么企业经营大概率会以失败告终。甚至这种负面情绪会一直跟随他，影响他今后的其他创业或工作。

遇到困难与挫折才是创业过程中的常态。如果不能以一种正向的心态看待这些困难与挫折，那么失败就一定会在这条路上等着我们。反过来，如果创业者能够积极地自我调整，以正确的态度度过这段时期，那么不仅可以增强自己面对困难的心力，也会收获一些心得与经验。一言以蔽之，就是创业者要咬牙坚持，同时给自己加油打气，培养心力。当创业者熬过绝境，建立了对眼前事业的认可和信心之后，便不再需要向他人证明什么，也就意味着外界能够加在我们身上的干扰少了很多。

昆明元元宝宝公司的创始人唐薇就是这样一位具有坚韧心力的创业者。

唐薇的创业项目属于珠宝玉石领域，她的创业经历充满了传奇色彩。在一般人的认知里，珠宝玉石行业的“水”非常深，套路很多。即便这样，满怀创业梦想和热情的唐薇，仍在 2012 年义无反顾地踏进了这个行业。

开始的时候，唐薇和绝大多数珠宝商一样，游走在各大公盘之间。在 2013 年到 2015 年间，她建立起自己的人际关系网，在圈子里站稳了脚跟。但珠宝玉石是一个很看重“运气”的行业，所谓“一刀穷一刀富”描述的就是这个现象。2015 年，唐薇花费 140 万元买了一块石头，切开之后发现只值 4 万元。祸不单行，她花 200 万元从一个长期合作的供应商手中买的碧玺，结果是一个假冒伪劣产品，唐薇在创业之路上步入了低谷。

值得庆幸的是，唐薇并没有在逆境中一蹶不振，而是以一种积极审慎的心态思考自己的事业及经营事业的方式。最终，她找到了一个方向。在分析行业基本盘之后，唐薇又进行了赛道细分，然后决定做二手珠宝的生意。后来，唐薇带领团队抓住了直播带货的机会，事业又一次走向了高峰。

2022 年的元元宝宝公司，早已突破月销千万元的门槛，并坚定地朝着全国最大的二手珠宝平台进发。

一个人做一件事情的结果不如意，不要把失败归咎于外因，而要从自身找原因。遇事找内因，每年不一样；遇事总找外因，10 年一个样。人世间最好的修行，不是向外追寻，而是向内观照，只有这样，我们才能更清楚、准确地认识自己，建立强大的心力。与唐薇一样，陈茂源也是一位能够用积极的心态不断进行自我超越和进化的创业者。

在回顾自己的人生之路时，陈茂源说过这样一句话："人生的路，就是性格的路，就是心力的路，什么样的性格和心力，就决定了什么样的创业之旅。"

陈茂源之所以能够培养出强大、坚韧的心力，与他少年时的个人经历密不可分。陈茂源自小生活条件艰苦，经历了很多坎坷，但他没有随波逐流，而是积极进步、进化，寻求改变的可能。后来，他有幸被名师看中，到北京学习舞蹈。

正是这次机会，彻底改变了陈茂源的一生。

从学校毕业之后，陈茂源做了 8 年教师，他的作品获得了文华大奖以及国内外各种赛事的金奖。但让他更进一步接近创业的，是他自费拍摄舞蹈艺术短片的那 6 年。

> 借着短视频兴起的趋势和浪潮，陈茂源拍摄的短片不仅让他在舞蹈圈小有名气，还积累了一定的创业资金，同时也锻炼了他接下来进行内容创业的能力基础——拍摄、剪辑的技术。
>
> 转折点发生在2015年。在同学聚会中，一位同学向陈茂源分享了一个搞笑视频，并提议他也尝试做一些相关的搞笑视频。在大部分人的印象里，舞蹈是一项十分高雅的艺术，搞笑视频则是一种接地气的表现形式，二者之间存在一定的差距。但陈茂源和几个同学一拍即合，拍摄了一些三个男人在车里变装搞怪的短视频。
>
> 视频发布之后，陈茂源和他的两个同学迅速走红，甚至还上了电视节目。在那一年，他们拍摄的短视频一共获得了近10亿次播放量，绝对算得上不错的成绩。随后，各大平台纷纷找到他们，邀请他们入驻。这个“副业”彻底颠覆了陈茂源的“主业”。

在很多人看来，陈茂源的成功多少带点运气的成分，毕竟他们拍摄搞笑视频的初衷只是一种尝试，而非基于认知和理性分析后做出的判断。对于这种“运气”观点，我并不会直接否定。正如我强调的，“为热爱的工作拼搏是一种幸福”，陈茂源能够在6年间坚持拍摄短视频，这本身就是一种热爱的体现。“热爱”能够打破很多创业壁垒和困境，也能为创业者带来很多“运气”。

从另一个角度讲，从陈茂源的坚持中，我们不难看出他坚韧、安稳的心力。这是一种细水长流的力量，它能给创业者提供一个积极向上的角度看待失败和困难，支撑创业者走出低谷期。正是因为看到了陈茂源身上的这股力量，才促使梅花创投接触他并投资了他的公司。

> 在大红大紫了一段时间之后，陈茂源的短视频事业陷入了沉寂，尽管也有百万左右的播放量，但始终不温不火，也不挣钱。在这种状况之下，陈茂源没有自暴自弃，也没有陷入对以前优秀成绩的回忆之中不能自拔，而是平衡自己的心态，积极地转变风格和方向，尝试新的选题方向。
>
> 2017 年年初，陈茂源新做的系列内容爆红，不仅在短时间内增加了数百万粉丝，同时也收获了很多投资机构的青睐。其后 5 年，陈茂源及其自媒体的影响力在专业领域均名列前茅。

心不静，则“风”不止。商业市场有如一个大环境，其间各种事件繁杂纠缠且不休不止。如果创业者只懂得凭借一腔热血莽撞拼搏，或者无法直视、正视过程中的成功与失败，那么一定无法获得满意的创业结果。

一段创业一定会有阶段性的成功，也会有阶段性的失败。如果再把视野放宽，一段成功或失败的创业，其实也只是人生中一次阶段性的成功或失败，除了正确认知其对当下的影响，最重要的是我们以何种心态去面对它们，并为接下来的创业或生活做好铺垫。

敢于放弃坚持，是心力的一种高级体现

提起《谁动了我的奶酪》这本书，相信很多人都不陌生。早在这本书被刚刚引进国内的2001年，我就拜读了这本大作。作者斯宾塞·约翰逊（Spencer Johnson）在书中告诉了我们一个关于“变化”的道理，那就是：世上唯一不变的，是变化本身，而我们要做的，是随“奶酪”及时变化。

对创业来说也是如此。很多时候，创业就是一种冒险，很难预知未来的遭遇。但有一件事情是可以确定的，那就是一定会遇到各种各样的困难与挫折。犹豫不决的创业者，其认知和心力受困于既定事实，被不甘和绝望的情绪包围，看不到另外的可能性，导致无法做出下一步正确的判断。最终的结果就是在被动的“坚持”中白白浪费更多的时间，错过更多的机遇和选择。

在见过足够多的相关案例之后，我能够明白创业者纠结着不愿意放弃、不断给沉没成本加注的心态。然而理解是一回事，现实的市场竞争却是另外一回事。

因此，在踏上创业道路之前，我希望大家能够厘清心态、选择与坚持之间的关系：积极的心态有助于做出正确的选择，果断的选择才能放弃错误的坚持。

很多时候，创业者遇到的问题并非来自市场因素，而是来自团队内部或者创业者自己，如果创业者没有强大的心力直面问题，不能及时带领团队走出迷局，而是任由情绪泛滥，那么企业的生存基础将会被摧毁。因此，我一再地告诫创业者：要直面问题，更要解决问题。

梅花创投投资的“有车以后”是一家专注于汽车垂直领域的移动互联网平台。如今，“有车以后”已经成长为国内最大的汽车新媒体之一，坐拥超过 7300 万的用户和“粉丝”，其中超过 80% 的用户来自微信生态圈，包括微信公众号、小程序、微信群和微信搜索。从这个角度来看，“有车以后”的崛起几乎完全依赖于微信生态圈。

在汽车垂直媒体这个创业赛道中，无论从用户规模还是融资的规模、规格来看，“有车以后”都算是“跑”得最快的。梅花创投从 2016 年年初便参与了它的第二轮融资，后来更是一路跟进。正是在这种背景下，我有幸一路见证了“有车以后”从几个人的创始团队走到现在，看到了他们在创始人徐晨华的带领下，整个项目实现了从 0 到 1、从 1 到 N 的发展跨越。

当然，这只是一种笼统的描述，“有车以后”的成长之路并非一帆风顺，与其他创业者一样，徐晨华和他的团队也曾经历种种不确定性。

“有车以后”刚刚起步不久，徐晨华便陷入了迷茫期，对团队的前进方向失去了判断。他的困惑主要在于：只有 2 名成员运营的公众号已经积累了几十万粉丝，但是团队投入9人之力开发的应用软件却前途未卜。徐晨华不太确定企业未来的发展重心应该放在哪里，也无法确定哪一种方式才是正确的选择。

后来，他带着自己的疑问找到了我。经过交流，我给了他这样的建议："你应该先稳定自己的心态，如果企业创始人自己都迷茫了，那么整个团队也会失去方向。"随后，我和徐晨华一起分析了他公司的状况，并确定了一个大概的策略："先将团队重心转移到公众号上，在自己熟悉的微信生态圈深度耕耘，将其作为主战场。等企业发展到一定阶段之后，再确定战略，扩大边际战场，在另外的赛道（比如应用软件赛道）经营流量。"

其实很多时候，如果创业者能够稳定自己的心态，很多问题便能迎刃而解，至少能主动发现一些可操作的方向和方案，从困难和不确定性因素中发现确定性。不确定性的因素包括企业的发展策略、节奏、方向等，而确定性因素则是企业当下最擅长、最熟悉的领域。对"有车以后"来说，他们最擅长、最熟悉的领域就是微信公众号。

在我的印象中，徐晨华是一个不拘泥于传统认知的人，对于他人的意见和建议，他从不会盲目听从，而是会举一反三。这是实现创业进化必备的品质之一，也是我常常对创业者说的，面对创业过程中的问题和不确定性，创业者一定要学会清空自己，以一种"不知"的心态去思考、去执行。人要有经验，但是不要有经验主义，不要躺在过去的成功经验上吃老本，要立新功，就要有新认知。

正是因为具备这种清零的心态，徐晨华并没有按照我们讨论的那样，带领“有车以后”走上应用软件赛道，而是敏锐地感知到微信小程序的巨大潜力，将企业的经营重心转到“公众号＋小程序”上，依旧深耕于自己最熟悉的微信生态圈。

后来，在上海车展的一次活动中，“有车以后”联合威马汽车举办了为期一周的产品宣传活动。为了推广本次活动，他们开发了一个答题的微信小程序，整合微信生态圈内的所有流量，让尽可能多的人参与进来。最终，这个答题活动吸引了近 100 万人次参加，全媒体的曝光量更是多达 2000 多万人次，真可谓大获成功。

除此之外，徐晨华最让我感到欣慰的一点是，他对于“从不确定性中发现确定性”的理解并没有停留在“术”的层面，即企业发展策略的层面，而是上升到了“道”的层面。在创业心学黑马实验室的一次分享中，他给出了自己对商业本质的理解，同时也是对选择深耕“公众号＋小程序”的微信生态圈的一种诠释：“商业的本质不是为了赚钱，而是为了有益于用户，不断提高用户的满意度。”

对于何谓商业本质，很多创业者可能与徐晨华有不同的理解，但大家需要学习他的是，一定要对自己的商业模式有独到的符合逻辑的系统解析并坚定地完善它，这是创业者面对问题、解决问题的基础。

创业者对商业本质的理解不同，对遇到问题的困难程度也会在认知上存在巨大差异。如果对创业者来说一切都在掌控之中，那么“坚持”就会是一个无须讨论、自然而然的过程。但也有可能企业每个月都需要付出大量的运营成本，却看不到任何希望和可能。此时，作为企业的创始人，你会作何选择，是在绝望中继续等待希望，还是壮士断腕，放弃多年经营的基础？你是否有足够的勇气和坚韧的心态去面对、去决策呢？

> 在黑马实验室中，曾经有一位学员一脸愁苦地找到我，说："公司现在每个月都要支出100多万元，但是根本看不到什么明显的效果，现在的模式恐怕做不下去了。有个朋友建议我把项目卖给大公司，好歹能获得一些收益，可我又有些不甘心。你看我现在该怎么办？"接着，他把对方的收购条件也都一五一十地告诉了我。
>
> 经过慎重思考，我对他说："我认为你接受收购并不合适，原因主要有两方面。第一，被收购确实能回笼一部分资金，但相较于前期投入的资金、时间、精力来说，多少还是有些亏本；第二，在收购条件中，有一条是要求你和对方绑定3年继续做这个模式不通的项目，这就意味着你需要付出更多的时间和资源，而且很大概率是白白浪费，这是比沉没成本更要命的。我给你一个建议——断臂自救，换个方向，推倒重来。"

敢于放弃坚持，是心力的一种高级体现。很多创业者之所以选择在绝望中等待希望，一是因为舍不得前期的投入和已经取得的成绩，不甘心一个项目以失败结尾；二是存在认知和心力的局限性，缺乏困境判别能力；三是断臂自救、推倒重来需要很大的魄力、勇气和格局，没有强大心力的创业者，很难果断做出放弃坚持的决断。对创业者来说，在创业过程中遇到困难与挫折，有时"放弃"也不失为一种直面问题、解决问题的有效手段。

第四章

认知：决定创业进化的高度

对创业者来说，创业是一次次对未知领域、未知事业的挑战，同时也是不断看见自己、战胜自己、提升自适力的过程。之所以有人能冲破迷雾，摘得最终的胜利果实，关键原因之一便是他们拥有高于常人的认知。从这个角度讲，认知决定了事业的高度。

人的一生，都在为认知买单

人的认知好比一个圆圈，圆圈里面是已知的，圆圈外面是未知的。当一个人获得了更多的认知，圆圈就越大，意味着他能够接触到的未知领域越多。如果我们以“圆圈”内的角度去看待问题，“圆圈”越大意味着自身边界越大，遇到的机会和可能性也就越多。

以卖菜为例，如果认知“圆圈”只是一个小区，那么结果就是社区超市；如果“圆圈”是一座城市，结果会变成一个大型的城市连锁菜市场；如果“圆圈”是全国市场加上互联网，结果就成了美团买菜。三者的差距显而易见，社区超市的数量可能有无数个，大型的城市连锁菜市场可能有成千上万个，但是“美团买菜”只有一个。后者因为认知，成了与众（前两者）不同的存在。

当我们把认知“圆圈”理论应用于创业就会发现，人与人之间、企业与企业之间之所以会表现出巨大的差距，很大原因就在于人与人、企业与企业之间的认知能力不同。

认知能力决定了最终目标的价值高低，即社区超市、大型的城市连锁菜市场、美团买菜三者之间“天花板”的高低。而且，从市场表现看，三者的抗风险能力，即适应市场环境变化的能力，同样有高低之分。

人的一生，包括创业，都在为认知买单。其背后的逻辑是，强大的认知能够让创业者在一定程度上比竞争对手更容易看清市场，进而提升自适力去适应市场，完成创业进化。

广东微电新能源的创始人陈志勇就是这样一位拥有清晰认知并从中获益的创业者。

> 陈志勇毕业于华南理工大学，经过一段时间的工作实践之后，陈志勇意识到自己需要提升计算机软件工程方面的专业知识和技能。再三思忖之后，他决定回母校攻读计算机软件专业的硕士研究生。
>
> 读研期间，陈志勇的研究方向是近场通信的协议和算法。毕业时，他因为一篇《关于嵌入式蓝牙耳机的发展前景》的论文，被欧洲的一家猎头公司看中，从而进入在全球范围内都处于领先地位的耳机供应商丹麦大北欧公司，他也成了该公司历史上的第一位华人员工。
>
> 在大北欧公司工作的 8 年时间里，陈志勇先后任职产品设计和市

场定位等重要岗位，系统地学习和实践了创新方法和创新思维。这 8 年，他还实现了从产品研发到客户市场的思维转变，极大地提升了自身客户谈判效率，因为懂技术，他的交流很容易打动对方。

后来，陈志勇在大北欧公司的工作遇到了瓶颈。与此同时，他也认知到整个蓝牙耳机行业遇到了瓶颈——每一年做的东西都一样，只是客户不一样。由此，创业的念头慢慢地在陈志勇心中生根发芽。

他意识到自己对公司管理比较陌生，于是选择前往美国明尼苏达大学卡尔森管理学院读 EMBA，完善自己的知识体系，提升自己的综合管理能力，为创业奠定良好的基础。

一个人的认知分为两个层面：对内审视自我，完成自省自知；对外观察，了解世界。

曾子有言："吾日三省吾身"，千百年来，更是有无数名留青史的成功人士践行了这句话，同时证明了它的巨大作用和重要性。其实，认知自我是一件反人性的事，因为人有自我保护的潜意识，而自省自查是一个对抗自我情绪、直面自我的过程。

举个简单的例子，如今很多年轻人选择"躺平"，有很大一部分原因是他们惧怕市场竞争带来的巨大压力，而这种压力会极大地挤压人内心追求安全感和舒适感的本能。压力和本能“战争”的结果一般有两种：选择后者就是“躺平”，选择前者则是变革、努力和拼搏。在这方面，陈志勇表现得非常优秀，他能够时刻保持清醒，即便在人生、事业的上升期，也能完成自我审视，提升自适力，完成进化。

认知自我是一个艰难的开始，很多人一辈子都在对着他人的毛病和不足指指点点，从来意识不到自身同样存在这样或那样的问题。一个人在剖析自我、向内认知之后，如何把结果付诸实践的选择与行动，则是其人生另一个更加困难的攀登过程。

> 得益于在欧洲和美国长达 20 年的工作和生活，陈志勇在消费类电子产品的开发、设计、运营和市场营销等方面积累了非常丰富的经验，对行业及产品的前沿动态也有深刻了解。更重要的收获是，他学会了如何做一个有梦想的人，学会了从全球格局看问题。
>
> 2015 年前后，智能耳机市场的规模迅速增长，从最初的几百万元疯涨到十几亿元。凭借强大的市场认知，陈志勇敏锐地发现了一个机会，他发现，在全球范围内，只有德国瓦尔塔一家公司在做微型电池，而这一细分领域在国内市场是完全空白的。于是，他迅速抓住了这个行业空窗期。

成立微电新能源之后，投产短短半年时间，陈志勇就完成了三项意义非凡的重大任务：发明了第一款微型圆柱钢壳电池；发明了中国第一款可充电纽扣电池，突破了瓦尔塔对这个行业的垄断；发明了全球第一款贴片电池，为中国未来物联网的发展奠定了基础。

微电新能源的产品在2017年年底投产，2018年出产品，2019年就拿下了捷波朗的订单。相较于其他同行，微电新能源的优势在于产品价格可以低30%，而性能却远高于同级产品。

陈志勇是做产品出身的，对电池行业的痛点非常清楚。比如大家最关心的安全问题，微电新能源另辟蹊径，进行了相关创新改进，提高了电池的安全性。

拿到捷波朗的订单之后，微电新能源顺利打开海外市场，2020年、2021年相继成为苹果公司、BOSS（老板电器）公司的供应商，国内合作企业有小米、vivo、安克创新、漫步者等。

在这一时期，陈志勇展现出强大的自适力，不仅能够快速且精准地捕捉市场新机会，还能观察并解决行业痛点，从而被市场和客户认可。这种自适力体现的是认知力的第二个层面：对外观察，了解世界。

我们可以将人们对内容的认知分为动态和静态两种。静态内容是指缺乏差异化的恒定内容，它们决定着世界绝大部分的认知，比如数千年来总结出的自然生态原理、常态的具有普适性的理论知识等。在大多数情况下，它们都有着很明显的对错之分，因此人们对这些内容的认知大同小异，不会出现太大的偏差。相对的，动态内容则会随时代、环境的变化而改变，因此也就没绝对的对与错之分，比如一个人的性情，又比如一个行业、一个领域的趋势变化，甚至天下大势的变化等。

就具体某个创业者来说，认知力最突出的体现或价值在于明晰自身的状态、性格、能力，以及自己的局限性。以此作为出发点，决定哪些领域可以做，哪些领域在自己的边界之外。比如陈志勇在创业之前，能够清醒地认识到自己在专业能力、管理能力等方面的不足，更重要的是，他拥有敢于改变、敢于提升的执行力，从而最终取得了成功。

认知力水平高的人，能够跳出自己的思维模式，跳出二元对立的思维模式，看到事情的更多维度。这也是我希望各位创业者能够领悟并贯彻到实际生活、工作之中的一种理念，因为固化思维和执念是创业和投资的大忌，创业者需要突破自我，努力消除心中的认知障碍。

群体进化，提升认知的绝佳通道

所谓群体进化，就是一群具有相同目标、方向的人，在前行的路上相互支持、相互激励、相互分享、共同创造，从而有机会补上自己的“短板”，走向成功。有一个简单的例子可以形象地体现群体进化的意义，那就是盲人摸象的故事。基于片面的信息和理解，独自一人对“大象”的认知可能就是“柱子”“扇子”。

俗话说“差之毫厘，谬以千里”，从错误的认知出发，必然得到错误的结果。如果“摸象”的人能够互通有无，以各自了解的不完整信息拼凑出一个尽可能接近真相的答案，那么成功的概率则会大得多。正因此，我才说，认知决定成败，群体进化则决定了创业者认知的高度、全面性和客观性。

对创业者来说，完成群体进化最直接、最有效的方式便是打造优质交际圈。交际圈能够较为准确地反映创业者的认知水平，所以我们一定要学会和“越来越赚钱”的人做朋友。原因在于，一个人、一家企业能够走上坡路，背后潜藏的逻辑是他们不断攀升的能量、市场竞争力、势能。更根本的原因是，他们对市场的认知一定领先于行业内的竞争对手。

与行业内拥有领先认知的人进行思想碰撞，能够帮我们找到另一个认知世界、认知行业和认知自我的通道，获得更多有价值的信息和资源，并借由思考进而提升个人的整体认知和素质。举个简单的例子，围棋选手要想提升自己的实力，一般有两种方式：一种方式是观摩学习棋谱；另一种方式是与棋坛中的顶级高手对弈，领悟他们对棋局走势高屋建瓴的认知，化为己用。

“深度赋智”创始人吴承霖的创业理念是，创业者要做难而正确的事情，比如创造一个改变行业的有价值的产品。一般来说，这种产品都会涉及极为复杂的逻辑和大量的抽象推演，可能会对行业产生革命性的影响。

当然，想要做具有革命性意义的工作，就需要有具备革命性能力的人才，而且一定要和他们成为志同道合的朋友。为此，吴承霖给公司的招聘工作定下一个准则：找到真正对行业热爱的人、眼里有光的人。

在他看来，这样的人不仅能完成超预期的、一般人根本做不好的工作，而且他们拿到的成果也会是优秀的、闪闪发光的。这样的人有能力告诉你“这是错的，我们不该做”，也可以告诉你“最理想的方案是这个”，他们能给出超出一般人认知边界的结论，能真正带领团队实现群体进化。

志同道合的朋友，是商业市场中极为难得的一群人，也是不可或缺的一群人。他们不仅能在创业的道路上披荆斩棘，推动企业前进，更能从某个具体的角度（比如案例中的电商技术、对境外市场的理解、进出口环境等）提升创业者的认知，使之清晰、全面地构建对自身企业的整体认知。

创业是一条艰辛的道路，没有朋友的扶持和帮助注定走不稳、走不远。我强调要和“越来越赚钱”的人做朋友，也就是和有结果的人做朋友，看似有很强的功利性，其实不然。

大家可以换个角度思考，朋友之间的交流是相互的，我们在接收对方认知的同时，也在输出自己的认知。双方的认知水平保持相对平衡，是成为朋友的基础，否则就成了一人对另一人的指点，即“贵人”。

“贵人”与朋友的显著不同之处是，当我们陷入认知困境时，前者给出的大都是笼统的、高难度的、行业普适的答案，听者需要根据自己企业的实际情况进行理解，才能真正形成能够落地应用的解决方案；而后者，即朋友，往往比前者更了解你企业的具体状态和遇到的阻碍，他们提出的解决方案可能更具有实用性，也更易落地应用。

> 邹宁曾是斐耳公司的首席技术官（Chief Technology Officer，CTO），后来因为人员变动，他担任公司的首席执行官（Chief Executive Officer，CEO）。

2018年年初，身为CEO的邬宁倍感焦虑和压力巨大，原因有三：第一，在过去1年多时间里，公司业务不见起色，一直处于持续亏损的状态；第二，团队的整体士气逐渐走低，甚至出现了几个核心骨干集体离职的事件，这对他的打击非常大；第三，在这段时间里，邬宁陆续见了100多位投资人，但没有找到合适的融资方。

人们都说创业公司CEO的主要职责就是找人、找钱、找方向，而斐耳当时的情形却是缺人、缺钱、没方向。因此，邬宁当时感觉自己特别失败，完全看不到自己和公司的出路在哪里。

后来，他决定和董事会的几位主要股东沟通自己的想法，表明自己没有办法也没有信心带领公司走出困境，希望董事会（我也是董事会成员之一）找到更合适的人挽救公司。听邬宁讲述了当时公司以及他个人的状态之后，我并没有另选他人，而是把他约到杭州，和他进行了一次面对面的深谈。

我之所以没有放弃邬宁，主要原因有两个：一是我坚信斐耳团队有能力、有底蕴做出符合市场预期的好产品；二是在邬宁成为CEO的1年多时间里，我见证了他的心力成长，认为他是一个能够坚持到底的人。

于是，我对他讲述了小牛电动遇到极大困难与生存危机时重整团队、逆势翻盘的例子，并鼓励他，只要方向对、行业有机会，就不要轻言放弃，持续努力一定可以走出困境，做出好的成绩，带领公司走上健康生存发展的正轨。

在我的鼓励下，邬宁的内心又燃起希望之火。后来，我们一起聊了如何帮助公司重整旗鼓、重新做起来。

再后来，邬宁抓住了真无线蓝牙耳机的发展趋势和红利，并成功借到新内容媒体和直播电商的“东风”，2019 年推出的真无线耳机产品一炮而红，在当年年底就基本实现了止损；2020 年扭亏为盈；2021 年盈利超过千万元。

梅花创投参与了斐耳的天使轮投资。因为我的鼓励和点拨，邬宁带领斐耳走出了创业的“至暗时刻”。此外，高认知的交际圈除了能提升创业者的认知，还能帮助创业者在危机中抓住他人难以看到的机遇和可能性，提升自适力，然后以这些高认知的朋友圈为支撑，度过危机。

梅花创投曾和其他基金一起投资了一个项目，在某个阶段因为诸多原因导致公司的效益不好，其他投资方便一直要求公司创始人做清算。

在此之前，我接触过这位创始人，知道他是一个能够创造“可能”的人。而且，我本人对该项目的前景很看好，并不像其他投资人那样认为公司已经到清算的节点。为了防止创始人因为扛不住各方的压力而选择妥协，我便直接向他表达我的意见：我支持你。随后，我又在所有投资人组建的微信群里，明确表达不支持清算的观点。

该项目的创始人为此十分感动，专程跑来对我说："我觉得清算挺好，如果继续推进，我怕连最后这点钱也会亏光。"那天我和他喝酒谈心，说了很多我对创业、人生和公司前景的认知，最后我告诉他："你鼓足勇气创业已经很不容易了，如果就这样放弃，是对投资人不负责任，也是对自己不负责任。"

在我的鼓励下，他选择了继续坚持，结果也是美好的。2021 年，他们的项目盈利 2000 万元，这位创始人也建立了对创业的新认知。

创业从来都不是一条阳关大道，创业过程中充满了各种无法预料的艰难险阻，甚至有很多远超个人能力和认知的困局，仅凭创业者个人的力量，是很难走到终点达到预期结果的。更合理的做法是，创业者通过扩大自己的交际圈，与更多有超凡认知的人交往、沟通，全面提升自己的认知和能力。

在明白了何谓"越来越赚钱"的人及其重要性后，我想请大家思考一个问题：如何才能与他们成为朋友呢？或者说，他们为什么愿意与我们成为朋友呢？答案很简单，就是我们要努力成为对方愿意结识的，能够提升对方认知的人。

每个人的认知都可以视为一个圆圈，如果对方的认知圆圈完全覆盖我们的，那么双方的关系就成了师生关系。然而商业关系追求的是利益交换，价值共享（虽然听起来很功利，但它就是事实），我们又该如何获得对方的认可，进入对方的圈子呢？

作为创业者，我们要不断突破自己的舒适圈，消除恐惧感，努力扩大认知圆圈，成为对方眼中有价值的存在。唯有如此，才能拿到认知层次更高的交际圈“门票”。

终身学习，打破认知之墙

人性中存在四个局限性，分别是“夏虫不可语冰”的时间局限性、“井蛙不可语海”的空间局限性、“盲人不可语光”的认知局限性、“凡夫不可语道”的三观局限性。这四个局限性如同四面墙，将一个人牢牢地围困在某个狭小天地里。

关键是，这四面墙如同“认知圆圈”，会不断增长、扩大，不断地倒逼我们坚持终身学习，打破认知之墙，见识更大的世界，抓住更多机会。

终身学习的方法和途径有很多，我比较推崇的一种方法是持续地向“有结果”的人学习，这也是我在和许多创业者交流时经常提到的一种提升认知的途径。在大多数情况下，创业者很难通过比自己认知力低的人看到高维度的世界，所以才会想当然地认为自己看到的就是世界的真相。所谓“一叶障目，不见泰山”，即是如此。

打破这种困境之墙最好的办法，是与行业内拥有顶尖认知或最新认知的人去交流，用外力打破，全力破解。那些成功的“结果”背后，隐藏着一个优秀企业家的格局、认知、自律、市场经验以及人际圈子，即使只是在某一点上获得他们的指点，创业者也会受益匪浅，甚至让认知得到质的提升。这也是“巴菲特午餐”这么受知名企业家追捧的原因之一。

从 2000 年起，“股神”沃伦·巴菲特每年都会拍卖一次与他共进午餐的机会，也就是人们常常谈起的“巴菲特午餐”。截至 2021 年，“巴菲特午餐”拍卖已经有 21 个年头了。

巴菲特举办这样的午餐活动，并不是希望以此挣钱，而是承担社会责任的一种表现。据悉，巴菲特午餐每年拍卖所得善款都捐赠给一家位于旧金山的慈善机构——格莱德基金会，用来帮助该地区贫困人群和无家可归的人，为那些低收入群体提供衣服、食物、住所等方面的援助。此外，该基金会还采取了更加长远的帮扶方式，比如开设青年职业培训班，让一些生活有困难的人能够掌握维持生存的一技之长。

该活动在刚开始的几年，采用的是线下拍卖方式，由于地域限制和信息传播范围较窄，所获善款并不多，其中第一年获得 2.5 万美元，第二年，也就是 2001 年，仅获得 1.8 万美元。后来，巴菲特将拍卖活动放到 eBay 上，此举意味着竞拍机会向全世界所有人开放，成交价格一飞冲天，从 2003 年的 25.01 万美元，到 2008 年的“天价”211 万美元，再到 2020 年突破人们想象的

460 万美元，一次又一次的“历史新高”，让人不禁好奇，“巴菲特午餐”究竟贵在哪里?

1941 年，11 岁的巴菲特买了自己人生中的第一只股票，在此后的 80 年时间里（截至 2021 年），他基于对市场、人性和时代背景的理解，一次又一次地用神奇的操作征服了一大批拥趸，也为自己赢得了“股神”的称号。巴菲特 80 年间积累下的认知、阅历和经验是难以估量的巨大财富，也是诸多著名企业家愿意花“天价”购买一次与他共进午餐的最根本原因。

2008 年以 211 万美元成功竞拍这一机会的赵丹阳，在总结本次午餐时说:“这一经历不能用金钱衡量，巴菲特的建议会惠及一生。”此外，同样有很多竞拍成功的人评价说“简直太值了。”

获得“午餐”机会的人，大都是各自领域的佼佼者，本身就具备层级很高的市场认知力和理解力，而他们之所以会花费大量的钱财去竞拍一次与巴菲特见面的机会，就是希望通过后者的点拨，在现有的积累基础上再一次完成认知进化，百尺竿头更进一步。如果真的能因此完成这一进化过程，那么这顿“午餐”的意义真的是“不能用金钱来衡量”且“惠及一生”的。

与“巴菲特午餐”的竞拍者相比，大部分创业者的认知都远远不及，但从另一个角度看，正因为存在这种差距，行业中的很多前辈都可以成为创业者的“巴菲特”，他们的一两个观点或不经意间的一两句话，都有可能成为创业者认知进化的突破口。

> 以我个人的经验为例。从2014年梅花创投成立至今，我们已经投资近500个项目，见过的创业者更是多不胜数。在这些创业者中，有许多人因为认知落后吃过亏。曾经有一个团队找到我，一再跟我夸耀其团队的项目如何先进，如何有发展潜力，又强调在当地获得了如何优秀的成绩。
>
> 我当时听得一头雾水，因为类似的项目已经有人做过，而且经过市场验证是不成立的，为什么他们还要做呢？还如此言之凿凿？后来经过仔细询问我才知道，他们根本不知道有前车之鉴，甚至没有想到去参考前车之鉴，只是几个团队成员聚在一起讨论后都觉得项目可行，便火急火燎地实施了，完全属于“闭门造车”。
>
> 我对他们的项目以及行业最新状况做了深入的剖析解读，让他们意识到自己的认知落后和缺失。
>
> 最后，这个团队的成员对我说：“吴总，真是太感谢您了，如果这个项目再继续做下去，我们不仅会损失大量的时间和金钱，得到的经验和认知也不会对以后的发展有太大的作用。”

如果对商业历史有研究就会发现，许多成熟的大型企业之所以会倒闭，很大一部分原因在于，企业决策层在取得了巨大的成就后变得故步自封，抛弃了曾经赖以生存的一种能力：群体认知进化和技术创新。诺基亚的手机业务和柯达的胶卷业务便是两个极为经典的例证。在时代变革的洪流面前，任何不主动提升认知的人和企业，最终一定会被淹没在历史的长河里。

由此，我们可以得出一个结论：不管创业者还是成名已久的企业家，群体进化对于一个人认知最大的作用都可以归结为两点：一是提升；二是纠错或止损。

那么该如何提升或纠错呢？是不是创业者遇到的所有“巴菲特”都能带来认知上的提升呢？答案是否定的。虽然群体进化是提升认知的一大利器，但更关键的是我们如何面对它，如何使用它。在我看来，要想让群体进化发挥最大作用，创业者必须摆正自己的心态，正视群体进化的作用和意义。

> 我听过这样一种观点：一颗鸡蛋从外部打破只能成为一种食物，而从内部自我突破却可以成为一个生命；创业者应该更注重认知的自我突破，而不应该过于依赖他人的指点和经验。

对于这种观点，我十分同意它的前半段，却不认同它的后半段，因为这种观点是对群体进化的一种误解。任何一个生命都无法脱离具体的环境而独立存在，人的认知也是如此。他人给予的经验或知识就是认知“孵化”的外在环境，至于能从指点中获益多少，能否完成自我突破，关键的因素依旧是自己。但与鸡蛋不同，人的认知外墙无法从外部打破，只能从内部实现自我超越。

只有认知市场，才能适应市场

创业，就是创业者带领一群未知的人，去一个未知的地方，做一件未知的事情。创业自始至终都在与不确定性为伍。其成功概率之小，远远超出绝大多数人的想象。如何在未知之中看见已知，在不确定性中发现确定性，是对创业者最大的考验，也是创业者最大的责任。换句话说，创业者只有对市场拥有宏观的准确认知，才能适应市场形势和变化。

在我看来，这场考验开始于赛道的选择和对所选赛道的理解。

赛道的选择是需要每一个创业者慎重对待的首要问题。在选定赛道后，我们需要面对的竞争对手和最终需要挑战的巨头也就确定了。由此就会产生一个问题：如果创业者对赛道的认知有失误，导致企业需要在一个既定的路径内挑战行业巨头，其结果可想而知，成功的概率一定会进一步降低。

我见过很多有野心、有冲劲的创业者，在他们的认知中，梦想是一种无坚不摧的力量，凭借一股天不怕、地不怕的劲头，就一定能出人头地，即便是面对运营体系和组织架构都十分成熟的巨头。然而，创业走上的是一条残酷的道路，这些创业者大都在巨头们坚固的品牌壁垒面前撞得头破血流。

理想很重要，但是理想化的、不切实际的认知和做法是万万不可取的。原有路径上的巨头拥有梦想、资金、人才，以及创业者难以企及的丰富经验，他们遭遇过的挫折、困境是外人难以想象的。因此，我时常告诫周围的创业者，一定要对赛道建立全面清晰的认知，尽量避免在原有的赛道内挑战巨头，这样，成功的概率就会大很多。

其实不只是创业者，大家仔细研究相关的市场案例就会发现，即使一些实力雄厚、有优秀人才团队支撑的大型企业，跨领域去挑战其他巨头时，也是大概率会以失败告终，比如小米旗下的米聊。

> 米聊诞生于2010年12月，早于微信（2011年1月）。但由于当时小米集团的业务重心是手机，而非即时通信软件，所以小米对米聊投入的资源和精力远远不及“本土作战”的腾讯。此外，广大消费者对两家企业的认知也有所不同，导致用户对米聊和微信的定位也不一样。最终的结果就是，绝大部分流量被导向了微信。因为无法与腾讯的流量势能长期抗衡，米聊于2012年2月停止服务。
>
> 6年之后，即2018年，米聊卷土重来，并在短时间内打出了

一套“组合拳”，比如优化聊天交互、加入趣味游戏和小米钱包等功能。2019 年 6 月，小米在迭代米聊 PC 版的同时，接连发布了米聊 Mac 版、Linux 版，跨越了多个电脑操作系统平台。同年 8 月，三端（安卓、iOS、桌面）的米聊迎来重大更新。其中，安卓端新增了远程协助功能，支持用户远程操控其他小米手机。在当时，这绝对算得上一个新奇的功能。

然而，卷土重来的米聊还是和第一版一样，在腾讯的流量势能面前败下阵来。在米聊的官网上，他们写下了“米聊，重新出发”。与此同时，小米对米聊的定义也改成了“面向专业人士的语音聊天应用程序”，放弃了面向普通用户的即时通信赛道。

我之所以强调赛道选择的重要性，是因为它体现了创业者对市场的整体认知。有了正确的认知，才能选择正确的方向，才能在发展过程中适应市场。

以案例中的米聊为例，在即时通信的赛道里，小米缺乏前期用户积累，在市场上已经有 QQ、微信等成熟产品的情况下，用户根本没有使用米聊的动力和需求。更关键的是，在即时通信领域，消费者已经和腾讯的产品建立了难以割舍的黏性，QQ、微信从某种角度上覆盖了一个人几乎所有的人际关系。

换句话说，米聊对抗的不只是腾讯的专业团队，更是消费者在转移人际交往方式过程中要遭受的圈子割裂和重建的痛苦，正是这种痛苦，使得很多人没有选择米聊。如果没有完整的人际圈，那么一款通信软件也就失去了其最大也最基础的意义。这也是米聊败北的一个深层原因。

错误或片面的市场认知，会导致错误的自我定位和赛道选择，最终的结果只能是失败。反过来，这种失败的案例也可倒逼创业者和企业更加深刻地认知市场、适应市场，不断完成成长、进化。

认知市场是一个非常宏大的命题，赛道选择只是其中的关键问题之一。身为企业的领头人，创业者需要从更全面、更宏观的角度，培养更有建设性的市场认知。

对很多行业的企业家来说，2021 年一定是刻骨铭心的一年。我将 2021 年定义为“五个年”，即民营企业的动荡之年、互联网平台的失色之年、科技创新的深化之年、专精特新的弘扬之年、北京证券交易所的启动之年。

这“五个年”，有的代表了市场迭代升级过程中不可避免的动荡，有的代表了科技与时代的进步，有的反映了政策对市场的影响。但不管哪一个“年”，都将在对应的行业内掀起巨浪，至于身处其中的企业是被大浪卷进深海，还是乘风破浪、立于潮头，考量的全是企业领导者对大环境的审时度势能力、把控能力、认知能力，以及适应能力。

我所讲的认知市场，不只是对行业内部市场变化的了解，还要观察国家、社会、时代对本行业的态度，相较于了解新增了几个实力强劲的从业者，或者主要的竞争对手又做了哪些动作，企业的领导者更需要深刻理解和审慎对待宏观的时代背景。

如果企业领导者缺乏宏观认知能力，对政策和时代大趋势的理解不够透彻，企业可能会稀里糊涂地成为受益者，也有极大可能迎来灭顶之灾。因此，我想送给各位创业者一句话：唯有培养宏观认知能力，提升自适力，方能与趋势为伍，乘风破浪。

> 在新冠肺炎疫情期间，餐饮业首当其冲受到了严重的影响，一些小型餐饮店纷纷倒闭、歇业。然而在这种大趋势下，喜家德却冲破了环境的束缚，新开了 150 多家分店。喜家德的举措和成绩让很多人，尤其是业内人士费解，大家都好奇他们究竟是如何做到的。
>
> 喜家德的老板对此解释说，疫情影响的不只是餐饮业，线下的大型商城也是“重灾区”，即便没有关门，客流量也大幅降低，商场内店铺的租金、入驻门槛等限制也随之降低。以往喜家德难以进驻的 SKP 等高端商场，在疫情期间也开始欢迎他们开店，甚至主动表示愿意减少租金。

困难的另外一面是机会。商业中没有绝对的“黑天鹅”，换个角度去思考、去发现，或许能抓取出乎意料的机会。

当然，喜家德能够逆势而行并获得巨大成功还存在其他多种因素，比如企业充足的现金流、稳定的商业模式等。然而毫无疑问，其中最重要的是喜家德决策人对自身及相关市场环境和趋势的冷静认知、判断，以及公司积累的强大自适力，这才是其所有故事的起点。

第五章

格局：锚定创业进化的广度

创业过程是一条时高时低的曲线，如果创业者没有全局的视野和格局，就可能在低谷时绝望，在高点时自负，而绝望和自负都会将创业者引向失败的悬崖。“不谋全局者，不足谋一域”，就是在告诫我们，要想走好脚下的这一步，就要提前规划好接下来的十步、百步。

格局 = 人生信念 + 志向高度

做人、做事，格局很重要，对创业者来说，尤其如此。在我看来，一个人的格局就是他的人生信念和志向高度之和。其中，人生信念决定了创业者以何种姿态去对待自身遭遇的事情，而志向高度则决定了创业者最终可以到达哪里。唯有二者合而为一作用到一个人身上，才能培养出积极的、不在意一时得失的大格局。

我们回顾那些在某个领域内颇有建树的企业家、历史名人时会发现，他们无不是具备大格局、大视野之人。这类人从来不会小富即安，当然也不会深陷失败挫折中无法自拔；他们会不断地规划第二曲线，把人生或创业变成一场持续攀升的无限挑战。

一个比较典型的案例是苹果公司的创始人之一乔布斯，他也经历了无数磨难，甚至一度被赶出自己一手创建的苹果公司。但正是因为他看待问题和事物的格局大于常人，所以才能重回苹果公司，带领公司再创辉煌。

创业是“去一个未知的领域，做一件结果未知的事情”，因此，在众多不确定性中确立一个宏大、明确的志向至关重要，它会像迷雾中的灯塔，为你照亮前行的路。即便前途坎坷、希望渺茫，只要你心中有光，偶尔走些弯路没什么。这便是阳明心学中“此心光明，亦复何言”的境界。

在我接触的创业者中，有一个可以视为在挫折中不断提升格局的代表人物，他就是北京夕航科技的创始人李帅。

> 李帅也是一位连续创业者。他在第一次创业时，因为公司业务的造血能力不足，加上所在赛道整体大环境受到了宏观因素的影响，所以发展得特别艰难。虽然李帅中途也做过裁员等调整，但最终是以失败收场。
>
> 后来在回忆这段经历时，李帅曾这样自我评价：“如果当时我的视野和格局再大一点，早一点开始探索商业模式，而不是一心想着先把企业规模做大再去实现营收，就不至于让那么多团队成员离开，最终的结果或许会不一样。”

我们无法知道李帅的“如果”能否成立，但是从北京夕航科技现在的成绩看，李帅不仅从第一次创业的失败中吸取了教训，而且在后续的创业中实现了自我成长、自我进化。

> 在深刻反思了第一次的创业经历之后，李帅认识到，互联网创业

> 同样要遵循商业的本质，对一家创业公司而言，这个本质的具体体现就是，建立一套适宜的、能够同时推进获客与变现的业务模式。
>
> 有了这个认识，李帅不管选择做什么项目，都会以一种更大的格局和视野做研判：如果能够在某个领域内赚到钱、做到赛道内的第一名，就去做；如果只是能做大做强，却不容易变现，他在做决定时就会比较慎重。
>
> 得益于李帅这种大格局的方法论，北京夕航科技在音乐教育、工具产品等多个垂直领域做到了全国第一。关键的是，公司的收入也在连年增长，这让他们可以不受资本环境和竞争对手的影响，保持良好的心态把产品和服务做好，从更高的维度着眼于一些短期不赚钱但长期价值更大的事情。

格局小了，就会像李帅第一次创业时一样，局限于具体的业务，而无法真正找到可以让企业成长、进化的大方向，最终败北。唯有大格局，才能兼顾远处的目标和手中的具体业务。

在与李帅接触的过程中，除了他的心力和自我反思、总结能力，最让我感兴趣的，或者说让我下定决心向北京夕航科技投资的原因，就是他远大的志向——要么不做，要么做到赛道第一。

志向的高度对于创业能否成功来说至关重要。我常常对学员和其他创业者强调一个观点：为人生建立更高的价值维度，站在更大的格局上观察人生。创业当立远志，无远志则人难做、事难成。

我十分敬佩的王阳明先生从小就是一个拥有远大志向的人。

王阳明在《示弟立志说》一文中这样教导他的弟弟王守文人生立志的重要性："夫学，莫先于立志。志之不立，犹不种其根而徒事培拥灌溉，劳苦无成矣。世之所以因循苟且，随俗习非，而卒归于污下者，凡以志之弗立也。"

这段话的大意是：求学问，首先在于立志。不立志，就像植树时不把根埋深，只是培土灌溉，这样是不行的，白受劳苦。世上凡是碌碌无为、随波逐流而最终平庸卑下的人，都是不立志造成的。

志向犹如明月，时刻给我们指引，让我们不至于迷失方向。"志不立，天下无可成之事"，不同的志向成就不同的格局和心力，自然也会成就不同的人生和事业。

梅花创投投资的"北极数据"，其创始人刘沂鑫便是一个拥有全球视野且拥有远大志向的年轻人。

> 刘沂鑫毕业于加利福尼亚大学伯克利分校，学历背景非常好。在旧金山工作的那几年，他带领团队做出了价值上亿美元的数据产

品，鼎鼎大名的高盛、摩根士丹利都是他的忠实客户。2016 年夏天回国时，刘沂鑫已经制定好产品框架，准备大展拳脚，做一款改变世界的数据产品。

之后，一位加利福尼亚大学伯克利分校的校友邀请他加入自己的公司。从这里开始，刘沂鑫广泛地接触了国内各类本土企业的数据需求，不断验证自己的思路和方向。同时，他还遇到了一拍即合的伙伴，即他的技术联合创始人周丞。当时刘沂鑫就觉得自己“天时、地利、人和”，是时候干一番事业了！

2017 年年底，刘沂鑫和周丞两人开始创业。在他们的产品第一版样本刚做出来不久，就有客户表示愿意尝试，而且这个客户还是一家 A 股上市公司。对方的老板和首席信息官在看完他们的产品样本之后认为，该产品可以完美解决他们数据和业务割裂的问题。因此，双方的合作很快就到了交付阶段。

然而，当该产品第一次交付使用、应用于实战环境时，暴露了大量让刘沂鑫意想不到的问题，可谓“处处有惊吓”。回忆这段时期的心境，刘沂鑫曾对我说：“那段时间真的非常难熬，我的信心几乎被消磨殆尽，每天无数次问自己：为什么？怎么办？”得益于自己强大的心力和远大的志向，刘沂鑫并没有被困境击倒。他经过反复思考，下定决心要从底层推倒产品的逻辑，彻底重构产品。

大破大立之后，刘沂鑫迎来了真正的成长和进化。

我对许多创业者说过：人世间最好的修行，不是向外界追寻，而是向内心锤炼。无论生活还是创业，一个人的成就永远不会超过他的人生信念和志向高度。

换个角度来理解，其实我也是在告诫各位创业者，创业不是儿戏，要想有所收获，要想从残酷的竞争中脱颖而出，坚韧的人生信念和远大的志向，以及二者合力塑造的大格局都是必不可少的。

格局决定人生成长的天花板

很多时候，眼光决定成败，格局关乎胜负。如果创始人或创始团队格局不足，在看待问题、分析问题时就会“鼠目寸光”，看不到长远的机会和可能，企业也就难以有长足的发展。

所以，虽然有些创业项目很有前景，我却没有投资，就是因为创业者在介绍项目、分析问题的时候，很少能拿出让人眼前一亮的见解，对公司的长远发展也没有有说服力的规划，即格局不够大。这是很多创始人和创始团队的致命伤。

相反，如果整个创始团队具备大格局，能够从更高的维度、更全面的角度去观察、剖析、解读行业和市场，那么企业自然会有更多的选择和可能性，在做决定时，也就可以拿出比同行更有竞争力的产品和服务。

梅花创投在选择投资山东恒远智能科技有限公司（下称“恒远科技”）时，很大一部分原因就是看重其创始人张永文的格局，以及由这种格局延伸出来的对行业趋势的深远理解。

在数字化的大浪潮中，工业互联网绝对算得上重头戏之一，与之相关的企业和概念更是层出不穷。近些年来，梅花创投接触过不少这个赛道的创业者，总体来说，大多数人对工业互联网的理解依然停留在“传统工业＋互联网”的肤浅层面，很少见到让人眼前一亮的观点和规划。

然而在与张永文的交流中，我发现他的选择与其他创业者有很大不同，他不务“实”而务“虚”，准备从最基础但也是非常重要的数据采集做起。

这个虚实之间其实体现的是对工业互联网本质理解的不同，即创业者在观察、理解市场以及时代趋势时的格局不同。

值得注意的是，张永文带到烟台的创始团队成员很多来自工业大厂，比如西门子、富士康、海尔等。这就意味着，恒远科技天生带着“工业基因”，而且具备各个赛道内遥遥领先的经验和认知。

基因好、创始团队综合素质强，恒远科技刚起步的发展之路自然走得非常顺畅。2017 年，恒远科技与中国电信达成合作，联手推出了一个设备云管理平台——天翼智云。仅 2017 年一年，天翼智云就获得了 20 多家客户的认可和使用，同时也让恒远科技在这一年实现了盈利。

可能有人会质疑张永文的“眼高手低”——为什么要从最基础的数据采集切入呢？但是在我看来，这种切入方式恰恰体现了张永文和恒远科技创始团队的大格局、宽视野以及长远的规划布局能力。因为传统企业向数字化、智能化转型是一个必然趋势，不管传统工厂、传统制造业向哪个具体方向转型，最终的体现一定是数字化和智能化，而实现这二者的关键在于数据。恒远科技选择的赛道（数据采集）精准地把握了数据的“命脉”，是基础中的基础。

从另一个角度讲，初创企业往往缺乏坚实的品牌背书和资金支持，如果一味求“高”，贸然进入高端领域，反而体现了创始人对行业及大环境的理解不清晰、不全面，即相应的格局不足。这也是各位创业者需要引以为戒的地方。

俗话说，“饼再大，也大不过烙饼的锅”。我之所以强调创业者的格局决定了其人生和企业天花板的高度，就是因为格局的大小决定着“锅”的大小。恒远科技仅用一年时间便实现了盈利，原因就在于此。而且，从 2017 年盈利开始，恒远科技的“锅”变得越来越大。

随着传统制造业和工业互联网的相互融合不断深入，张永文从一个更高的视角发现了自己所处的赛道（装备制造业领域）内，存在着“三高两长”的行业痛点，即订单定制化程度高、供应链和技术工艺管理难度高、生产过程离散程度高，以及生产周期长和产品生命周期长。

因为存在这些痛点，许多装备制造企业难以完成数字化、智能化的转型，而市面上那些传统的软件即服务（Software-as-a-Service，SaaS）产品，根本无法解决这些问题。张永文在一次采访中谈道："企业内部系统集成和数据集成将成为企业数字化转型面临的根本问题，也是工业大数据与未来产业互联的基础。"

正所谓"打蛇打七寸"，张永文针对这些问题和痛点推出了蜂巢工厂，很快获得了市场和客户的认可与使用。

基于这些成绩，恒远科技获得了梅花创投数千万元的投资。

企业经营的关键在于解决用户的需求与痛点问题。在实际的市场环境中，用户的需求与痛点中存在巨大的价值潜力。

以餐饮行业为例，如果经营者观察到用户吃早餐的需求，早餐铺会应运而生；如果观察到用户对食物多样性的需求，综合性的餐馆会遍地开花；如果经营者能够站在更高的维度，注意到消费者越来越重视消费体验和用餐服务，那么大概率就会出现海底捞这样的餐饮品牌。

在这些结果背后，体现的是企业创始人和创始团队的格局。站在不同维度去理解市场的格局，造就了不同发展前景的企业。

当然，影响企业发展的因素不只是切中用户和市场的痛点，更关键的是，在抓住市场的痛点和需求之后，创业者需要以它们为锚点，做好企业的长远发展规划，为充满不确定性的创业之路创造一些有重大影响的确定性条件。

如何做好长远规划，与企业领导者的格局密切相关。

> 为了满足客户提出的专业度极高的要求，张永文投入巨大的精力与资金用以磨炼和提升恒远科技团队的业务能力，并制定了三个发展方向：一是业务集成能力，主要关注具体业务功能的实现，为客户提供数字化、智能化、在线化的功能模块服务；二是技术集成能力，集成技术、工具，帮助客户实现二次开发；三是服务集成能力，旨在丰富自身产品，引入包括自动化、虚拟现实（Virtual Reality，VR）技术、增强现实（Augmented Reality，AR）技术等方面的能力或产品，为客户提供更加多元化的服务。

市场日新月异，从来不缺新的机会和可能，关键就在于创业者能够看到什么样的机会，以及能够看到多少机会。格局大的创业者，可以看到并抓住有潜力、有前景的可能，成就一番事业，反之结果也不言而喻。

蘑菇、大象、火鸡：格局的三重境界

许多创业者在寻求投资时，会做非常充分的准备，他们会讲企业的发展规划、未来会达到怎样的高度，以及应对困难的种种方法、策略。这些内容都很重要，我也比较重视，但从某种角度看，它们都是假设的、虚的因素，能否成为现实仍未可知。所以，仅凭这些纸上谈兵的准备，是很难打动投资人的。

什么是“实”的因素呢？可以是企业现阶段取得的成绩，可以是创始人或创始团队对行业的认知和理解，也可以是创业者看待问题、分析问题、评价问题的方式和角度，即一个人的格局。

从默默无闻挣扎求生到破土而出，在行业中站稳脚跟，再到破茧成蝶成为赛道内的佼佼者，这是一个成功企业的成长过程，也是一名创业者格局不断提升的过程。我把创业者格局分为三种境界，分别是“蘑菇”“大象”“火鸡”。

1.“蘑菇”境界

所谓“蘑菇”境界，是指企业处在成长初期积累能量、积累势能的阶段。一朵蘑菇在真正成长起来之前，通常“躲在”阴暗的角落，既得不到充足的阳光，也不会有人来浇水、施肥，只能自生自灭。

创业者应该如何看待这段暗无天日甚至可能永远无法出头的蓄势期呢？是控诉行业环境的恶劣与不公平，还是打开格局，把头低下去，以破土而出为目标，慢慢地积累能量？不如先来看看被誉为“日本经营四圣”之一的著名企业家稻盛和夫是如何度过“蘑菇”时期的。

> 稻盛和夫在27岁时创办了京都陶瓷株式会社，即现在的京瓷(Kyocera)。成立之初，京瓷只是一家名不见经传的小公司，作为松下集团内某公司（下文依据《心：稻盛和夫的一生嘱托》，称其为“松下先生”）陶瓷元器件的供货商之一，经常会受到后者的“打压”。
>
> 当时，“松下先生”已经是日本数一数二的超大型企业，对几乎所有 的供应商都有着不容置疑的议价权，“松下先生”不仅对交期及品质提出了十分严格的规定，还每年都有苛刻的降价要求。这使得从“松下先生”那里获得零部件订单的公司愤愤不平，纷纷抱怨其“欺负供应商”。

但是稻盛和夫先生及京瓷却总是二话不说，依“松下先生”的价格照单全收，并在对方给出的条件下绞尽脑汁，拼命努力。

稻盛和夫之所以会这样，主要有两个原因：一是他明白，在“松下先生”与京瓷的合作关系中，“松下先生”拥有绝对的主导权，而且“松下先生”是京瓷不能失去的一大客户；二是相较于眼前的利益，稻盛和夫更看重京瓷未来的发展，与“松下先生”合作能够获得更多的可能性和发展动力。

基于这两点，稻盛和夫增加了京瓷产品研发的投入，从生产效率、产品质量等多个方面不断提升公司的市场竞争力。就这样，京瓷慢慢打败了其他竞争对手，成了“松下先生”唯一的陶瓷元器件供应商。

此后不久，京瓷进入美国市场，从当时蓬勃发展的半导体公司获得了订单。相比当地同行，京瓷的产品不仅品质远远超越，价格也特别低廉。

在稻盛和夫先生看来，是“松下先生”的苛刻要求促使京瓷创新开发，并“由此孕育出超越行业水准的卓越的产品，并保证了良好的效益。”他说：“意识到这一点时，我从心底升起了对‘松下先生’的感谢之情：‘感谢您锻炼了我们。’”

在商业市场中，企业追求的最终目标是利益。在一段合作关系中，掌握绝对优势、拥有更多议价权的企业为了自身利益和成本考量，自然会压榨处于劣势一方企业的利益。从创业者的角度讲，如果因为对方不合理的行为感到愤怒而忽略了合作之中可能存在的成长机会，只会蒙受更大的损失。

反之，如果创业者能像稻盛和夫那样打开格局，就能从不合理和遇到的种种困境中发现自我成长、创业进化的机会和可能，并能让这种机会落地，在实际工作中完成从蓄势期到破土而出的跨越。

2.“大象”境界

当一朵蘑菇成长到一定的高度，就能接收更多的阳光雨露，创业者也是如此。然而，企业与蘑菇也有不同之处，阳光雨露自然存在，只要蘑菇能够突破环境的阻碍，就一定能够感受到。但是企业发展所需要的机会，却需要创业者脚踏实地地去耕耘才能获得，这便是“大象”境界对创业者的要求。

大象在求偶时，往往会向异性发出呼唤。大象在呼唤时，会不断地跺脚，这样的振动频率能够传播得更远，被更远处的大象接收到。研究者发现，大象的这种求偶信号大约能传播 10 千米之远。但同时他们也发现，一些 10 千米之外的大象也能够得到这个信息，并借此找到求偶者。

因此，我所讲的“耕耘”，除了要向内提升企业自身的综合实力，还要尽可能地把自己的信息传递出去，谋求更多正向合作，增加成功的可能性。因此，学会如何推销自己，也是提升企业自身格局的必备素质之一。虽说“酒香不怕巷子深”，但前提是要让酒香飘得足够远，让客户先闻到才行。

日本寿险营销大王原一平在总结自己的成功经验时曾说：“坚持每天拜访几个客户，坚信每个客户都很重要。即使今天不成交，他也有可能将你的信息介绍给他人。”

在我看来，原一平的这句话不仅解释了他取得成功的原因，更从格局的角度阐释了“大象”境界，即创业者应该如何对待一些看似没有结果的努力。杭州美锐潮品服饰有限公司（On My Game，OMG）的创始人杜彬就是一位有“大象”境界的创业者。

在创业之前，杜彬是一名就职于浙江理工大学艺术与设计学院的大学教师，生活平静安稳，但他的内心总在扑腾，他不停地问自己：“我还能不能做更多的事？”后来他决定追随内心的召唤，走出校园创业。

2011 年，杜彬成立了杭州慧聚品牌管理有限公司（以下简称“慧聚”），主要从事服装行业品牌全案咨询设计服务。之后，他们成功为多个上市公司、集团公司以及大量中小型企业找到品牌持续发展的秘诀，帮助 100 多个服装品牌获得成长进化。

杜彬在回忆这段经历时说："有时候回想过去，自己都惊讶于当时的公司会有如此饱满的活力。我们团队总会出现很多让人振奋的新想法，为了设计出最好的方案，我们一直在不断学习和思考，汲取新的知识，储蓄新的能量。"

做了7年的品牌方案设计之后，杜彬不仅积累了大量的行业经验，也基于这些经验建立了更大的格局，形成了对行业独特的视角和看法。

2017年，杜彬带领OMG团队总结服装行业市场时发现，市面上男性运动服饰的设计偏老年化，完全无法满足年轻男性对运动服饰功能性与审美性的双重需求。而且，传统运动品牌的重点用户是女性，男性的相关需求一直处于被忽略的窘境。

经过更深层的调研，杜彬认识到，出现这种现象最主要的原因是，大家对运动服饰的理解不够全面、深刻，格局也不够大，导致大部分人只关注某个群体或某个消费热点，从而忽略了另一部分人的需求。

由此，OMG将自身清晰地定位为：做一个年轻的新运动自主品牌。

OMG在2018年正式上线之后，凭借原创设计、功能性佳、时尚

> 感强三大法宝，快、准、狠地击中了年轻人对个性、审美等多元化需求的痛点，销售网络覆盖36个国家和地区，成为一个极有潜力的潮流运动品牌。
>
> 2022年1月，梅花创投投资了OMG的天使轮。

在一次与杜彬的交流中，他说了一句让我印象深刻的话："创业这么久，我经历过很多不确定性、困难、迷茫，但是我仍然觉得一切都是光明的，企业的根扎在越黑暗、越深处的地下，才更有力量去靠近太阳，长出更璀璨的果实。"

其实不管创业还是人生中的其他事情，只要我们付出努力，就不会白费功夫。即使短时间内看不到清晰的结果，它们也会像大象的呼唤一样，慢慢地扩散，给未来创造无限可能。在此我想强调的是，努力扩散的方向分为两个：一个是向外，如同原一平的经验总结；另一个是向内，如同杜彬的创业经历。

3."火鸡"境界

> 一个农场中养了许多只火鸡，其中有一只公鸡相较于其他火鸡个头偏大，于是它便每天洋洋自得，以此为傲。但是在其他火鸡看来，它们并不认为自己比那只公鸡弱小，因此对于它表现出来的傲气不以为然。直到有一天，农场中来了一只体形巨大的火鸡，远远领先于其他同伴。这时，其他火鸡都心悦诚服，不再较劲。

这个故事讲述的就是火鸡理论：征服他人依靠的从来都不是自认为的高人一等，而是让他人只能仰视的强大实力。

我在和很多创业者交流时都强调过，初创企业必须建立一个有凝聚力和向心力的团队，只有这样，才能在残酷的竞争中生存下来。要想建立这样的团队，创始人必须具备超强的人格魅力。再深究，创始人的格局又是重中之重。在我看来，格局的具体体现就是容人的智慧，能够做到重视人才、用好人才，让人才归心。

优秀的人才都是心高气傲的“高大火鸡”，想要他们心服，企业的领导者必须更加优秀。创始人对于团队的作用和意义，其优秀大都体现在格局上。创始人的大格局能够让人才看到更高、更远的发展空间，自然就不会局限于眼下的得失，转而将更多的能量用以追求未来更大的可能性。反过来，人才的拼搏进取也一定会推动企业的进步、进化，形成一个双赢的局面。

而双赢的起点，正是创业者具备更大的格局。正所谓，“上善若水，水善利万物而不争。”

不自我设限，方能提升格局

力克 · 胡哲在《人生不设限》中说："人生最可悲的并非失去四肢，而是没有生存下去的希望及目标！"

真正改变命运的，并不是我们的机遇，而是我们的态度。电影《阿甘正传》的主人公阿甘，智商只有 75，远低于正常人的水平，但他并没有因此自我设限，并最终取得了人生的成功。电影中有这样一句经典台词："人生就像一盒巧克力，你永远不知道下一块是什么味道。"面对人生的无限可能，别急着给自己下结论。只要你敢于梦想，勇于尝试，一切皆有可能。

在现实生活和创业中，很多人会自我怀疑、自我设限，这样的人除了失败，恐怕什么也得不到。因此，我每次听到"吴总，这个项目可行吗？""您觉得某某行业有前景吗？"之类的问题时，基本上都会给出否定的答案。实际情况是，其中很多项目和行业的前景都非常不错，而我之所以要否定他们，只是因为他们给自己设置了太多的限制。如果创业者自己内心都不坚定，那么如何面对创业路上的种种困难和考验呢？团队中等待他给出方向和指导的员工又该何去何从呢？

此外，这种自我设限的背后，体现了创业者非常小的格局，他们无法对市场环境、行业发展趋势建立一个全面有效的认知，无法鼓舞内部的士气。这也是我否定他们的另一个原因。

观察那些有成绩、有结果的创业者，可以发现这类人有一个共同点：从不自我设限。“花点时间”的朱月怡就是这样一个创业者。

> 朱月怡曾以书信的形式告诉我，她之所以要创办“花点时间”，源于一个异想天开的想法。她写道：“鲜花那么美好，为什么只能在特定节日偶尔出现？为什么不能每周都有一束花开在我们的生活里？生活里的鲜花不用很名贵，只需用时令的鲜花绿植，以最自由写意的配搭方式，自然洒脱地在属于每个人最舒适的地方恣意绽放，抚慰生活中的缺憾，带来新的希望。”
>
> 在这些充满浪漫气息的文字中，我看到的是一个创业者对一个行业及生活独特的视角。朱月怡找到了消费者在当下社会匆忙生活节奏中的一个痛点。
>
> 而且在实际经营过程中，“花点时间”摒弃了传统鲜花消费礼品化、高利润、不讨好的属性，转而将关注点聚焦于鲜花本身，并创造了一种前所未有的产品或概念：生活鲜花。他们不再强调鲜

花的礼品属性，只在意鲜花能否提升用户的生活品质，并以“线上预订”的方式，每周把一束带有主题设计的花束送到用户身边。

相较于畏首畏尾的创业者，我更加欣赏朱月怡敢于异想天开、敢于动手执行的特质。即便只是“一时兴起”想到的项目，也很可能会因为创业者的这种特质而干得风生水起。在公司成立的第二年，“花点时间”就获得了大量消费者的认可，业务进入飞速发展的快车道。

创业本来就是一次充满不确定性的旅程，如果创业者还要自我设限，就是在人为地增加创业难度。相反，如果创业者能够打破思维的禁锢，从更多的维度、角度去思考要做的事情，就可以逐渐打开格局，看到更多的可能性和确定性。在这种情况下，就算有再多的人否定，遇到再多的困难，创业者也能坚定自我，一往无前。

在业务快速增长的同时，朱月怡也注意到“花点时间”鲜花理想的背后，还缺少真正硬实力的支撑。中国的鲜花行业与其他被国际品牌历练过的消费品行业不同，鲜花是非标准产品，而且保质期非常短。

因此，在鲜花美好的背后，潜藏的是极其粗放脆弱、缺乏标准化、完全没有经受过大体量考验的供应链。从鲜花种植到保鲜物流，都没有现成的供应链可供使用，这一切都需要“花点时间”自己去打造。

但是，要想构建一个行业标准的供应链谈何容易。2017 年募资时，有位投资人对朱月怡说："你们做品牌还行，做供应链没戏，你们没有那个基因。"朱月怡并没有直接反驳投资人的话，而是在心里对自己说："基因这种东西，不分品牌还是供应链，而是分好学还是懒惰。"

朱月怡没有给自己设限，没有在意他人的否定，而是专注地为面临的问题寻找解决方案。为了建立一条成熟、专业的供应链，朱月怡的合伙创始人直接飞到了中国鲜花的大本营昆明，而且这一去就是 5 年。在这段时间里，他们聘请专业人才，拜会行业前辈，寻访每一块花田，建立鲜花保鲜实验室，并邀请了世界一流的鲜花供应链导师做长期的培训和"体检"。

知所不知，更要信己所知。

在朱月怡看来，鲜花供应链并不是建个冷仓和购买几辆冷链车那么简单，而是要把脚踏实地打造的标准和执行动作写进系统里，让每一支鲜花的生产、采收过程都被数据化、信息化。唯有这样，花束的生产过程才可以被更好地控制。

我曾听过这样一个观点：创业者就是一群什么都能搞定的人。但是在我看来，创业者并不是什么都能"搞定"，而是永远不会把"搞不定"当作最后的结果，所以才会一次又一次地"开路""绕路""再上路"，去改变那个"搞不定”的结果。

正因为这样，“搞不定”与“搞得定”并不只是简单的结果差异，而是创业者格局的差距。那些接受了“搞不定”结果的创业者，大都受限于格局，悲观地认为没有其他可能性，进而承认自己失败。其实这也是一种自我设限的表现。但朱月怡这类创业者，他们从来不会认为眼前的“搞不定”就是企业的结果，而会从更大的格局去寻找可能性，哪怕需要付出5年时间才能实现这种可能性，他们也会坚定不移地执行下去。

大家需要注意的是，我强调“不自我设限”，并不意味着创业者在提升认知和打开格局时，只能依靠自己的力量。认知进化需要依靠群体的力量，格局进化同样如此。

有书是梅花创投在知识付费领域投资的几家企业之一，其创始人雷文涛是黑马成长营第6期学员。在我印象中，雷文涛是典型的温文尔雅、彬彬有礼的知识分子形象，他的特点是冷静和审慎，所以他很少表现得热血与亢奋。而且，他从来不会主动多说话，但对问题的认知却十分深刻，往往能够一语中的。

雷文涛带着有书项目来找我的时候，我们聊了很长时间，最终就有书的前景和知识付费行业达成许多共识。在这些共识中，有的是不确定的，有的则是确定的。比如有书当时没有特别稳定的收入，广告收入也非常少，所以不确定的因素就包括了有书未来的变现手段。而我们双方都确定的是，知识永远都是值钱的，知识付费是一个巨大的、很难看到天花板的赛道，而且明显处于上升通道，未来一定能够衍生出很多让人惊喜的内容。

此外，在交流过程中，我也了解了有书的商业模式，它的内容生产成本和运营成本都很低，完全不必为产品库存和应收账款担忧，并且可以不断吸引内容生产者加入，为用户提供高质量的内容。这种模式轻、中间环节少、符合时代潮流大趋势和消费者需求的项目，十分契合梅花创投的投资理念。最终，我们和雷文涛一拍即合，达成投资合作。

截至 2022 年 2 月，有书书友的数量已经突破 6000 万，在全国 160 多个城市内搭建了有书线下同城共读会，有书新媒体矩阵的传播力超 99%。在内容方面，有书汇聚了 500 多名顶尖名师，联合了超过 1000 家的头部个人品牌，发布了 1000 多种精选好课。毫无疑问，有书已经成了知识付费领域的佼佼者。

我反复强调创业充满不确定性，并不是鼓励创业者仅专注于确定性的优势和行为，对不确定性因素不管不顾。创业者应该以大格局坦然面对创业过程中的不确定性，长期保持一种不害怕、不回避的态度，把不确定性纳入每个决策的考虑因素。要想到达这种境界，创业者就需要回到进化的起点，不自我设限，致力于提升格局并一往无前。

致良知：创业需要温度

从本质上讲，商业是一种群体性活动，任何一名创业者都离不开与其他个人和群体交互，我们无法将自身感性的一面完全剥离，只用冷冰冰的数字来建立人际关系。所以我一再强调，尽管商业市场只会“以成败论英雄”，创业却需要温度。

从这个层面上讲，创业者在观察市场、观察自己的创业行为时，应该从一个更宏观、更全面的格局总结，既要为梦想、为企业团队负责，也要维持其中有温度的一面，不要把创业做成一件“唯利是图”的事。

谷歌（Google）在首次公开募股时，其创始人之一阿米特·帕特尔（Amit Patel）在招股书中写了这样一段话：“不要作恶。我们坚信，作为一个为世界做好事的公司，从长远看，我们会得到更好的回馈——即使我们放弃一些短期收益。”后来这段话被称为“不作恶的宣言”，而“不作恶”也逐渐成了谷歌的企业价值观之一。

“不作恶”是商业道德的基本底线，也可以说是商业“温度”中的“零刻度线”。在阳明先生的哲学体系中，有一个非常重要的“四句教”：“无善无恶心之体，有善有恶意之动，知善知恶是良知，为善去恶是格物。”恶是习气，善是本心，所谓致良知，就是督促我们要去恶习、存善念，找回最初的本心。

阳明先生还讲过：“千圣皆过影，良知乃吾师。”意思是，古今圣贤都只是过眼云烟，一个人的成就只和他的良知有关。中国自古也有“德不配位，必有灾殃”的说法，对创业者来说，追求的梦想、事业都必须与自己的“良知”匹配，只有这样，创业之路才能行得端正、走得安稳。

与谷歌相比，腾讯的善念表达得更加清晰和直接。2019 年 5 月，马化腾在其微信朋友圈写道：“科技向善，我们新的愿景和使命。”同年 11 月，在公司成立 21 周年之际，马化腾、刘炽平给全体员工发了一封信，正式将“用户为本，科技向善”确立为腾讯公司的愿景和使命。

他们在信中强调：“在腾讯的发展历程中，有两条最重要的生命线，一条叫‘用户’，一条叫‘责任’。在责任这块，2008 年汶川地震，腾讯紧急上线的寻人与捐助平台，让科技连接善意；后来，我们又发起了全网参与的 99 公益日、上线了成长守护平台，并通过人工智能（AI）力量协助相关组织寻找失踪儿童……通过不断的尝试与探索，我们对科技向善的认知、思考、选择越来越清晰，越来越坚定。”

腾讯公司基于这种理念推出的腾讯优图，已经成为国内 AI 寻人的一大利器。它通过图像处理、深度学习、人脸识别、光学字符识别（Optical Character Recognition，OCR）等技术的应用，在寻找失踪儿童方面屡立战功。

为什么会有这么多创业者、企业家愿意如此煞费苦心地去做一件看起来没有任何直接利益产出的事情呢？答案可以归结为两个字：格局。

利益确实是企业最应该追求的目标，但绝对不应该是创业者、企业家追求的唯一目标。一些具备大格局的企业家在看待某件事情时，首要考量的因素往往不是利益，而是更有温度的社会责任、社会担当。反过来，我坚信，那些为了利益不择手段的创业者不仅无法培养大格局，其企业也注定无法长久生存。

我时常对那些来找我的创业者说，格局不只是对企业的发展、规划有作用，格局也有温暖的一面。事实上，正是这一面，助力许多初创企业实现了更好的发展。

除此之外，还有另外一个非常考验创始人格局的问题，那就是如何看待同行。俗话说“同行是冤家”，很多人将同行视为竞争对手，总以一种对抗的心态，想尽办法超越对方、打败对方。但格局更大的创业者会把同行看作同一个战壕里的“战友”。“战友”体现的是合作心态，求的是同舟共济、一起进步。

春秋时期，齐襄公被杀之后，公子小白和公子纠展开了王位争夺战，鲍叔牙辅佐公子小白，管仲辅佐公子纠。在一次作战时，管仲用弓箭射中了公子小白的衣服，差一点将其射杀。

后来，公子小白成了齐国国君，即“春秋五霸”之首的齐桓公。因为辅佐有功，鲍叔牙被任命为相国。鲍叔牙是一个心胸十分宽广的人，而且有识人之明，他知道管仲有大才能，所以一直坚持把他推荐给齐桓公，他说：“只有管仲能担任相国要职，我有五个方面比不上管仲，宽惠安民，让百姓听从君命，我不如他；治理国家，确保国家的根本权益，我不如他；讲究忠信，团结好百姓，我不如他；制定礼仪，使四方都来效法，我不如他；指挥战争，使百姓更加勇敢，我不如他。”

齐桓公也没有追究管仲的一箭之仇，而是听从了鲍叔牙的建议，重用管仲，任命他为相国。后来，齐国在管仲的辅佐下，短短数年便由弱变强，成为当时的大国。

在今天看来，如果鲍叔牙把管仲视为权力、仕途的竞争对手，而不是发展建设齐国的“战友”，他就不可能向齐桓公推荐管仲，齐国能否完成国力的增长，齐桓公能否成为“春秋五霸”之首，都要打上一个大大的问号。

因此，将同行视为“战友”还是视为“竞争对手”，背后蕴藏的是两种完全不同的格局，而且这种不同体现的不只是格局差异，更是格局差距。鲍叔牙的格局与视野没有局限于个人仕途和名声，而是放眼国家发展成长的可能性，从而给齐国带来了革命性的改变。

商业市场也是同样的逻辑。同一个赛道内的参与者可以视彼此为竞争对手，但从更大的格局出发，彼此更应该是身处同一个战壕的“战友”。

清晰的大局观是高效战略的前提

要想制定一个高效战略，创业者必须具备清晰的大局观，因为唯有看得远、看得清，才能对自己将要做的事情坚定不移，在制定战略时才能有的放矢。而且，具备大局观的创业者往往能够辩证地看待企业发展过程中的局部与全局，不会在阶段性的失败中迷失自我，也不会沉溺于短期的成功而止步不前。

在我看来，创业者要想培养这种大局观，必须具备四种战略思维方式：终局思维、第一性原理、增量思维、模型思维。

1. 终局思维：以终为始

所谓终局思维，就是在做一件事情时，能够思考其终局是什么。唯有以终为始，才能明确为了赢得市场竞争，当下需要进行何种战略布局，并以何种节奏推行。从这个角度讲，终局思维的重点是逆向思考能力。为了方便理解，我们可以假设一个场景：在智能手机出现的第一天，以当前技术更新迭代的速度为前提，思考 5 年后、10 年后，消费者对手机的定位和需求会是什么。

当我们推测出未来市场的场景，再结合当下消费者具体的需求，就可以设定一个清晰的战略目标。在此之后要做的，便是根据时代背景和市场趋势，将目标拆解为一个个可量化的、可实现的任务，按部就班地执行即可。

在我见过的很多创业者中，有相当一部分人总是会将自己的思维局限于眼前某个具体的问题。如此一来，他们的视野也会局限于当下，无法跨越市场的周期去看到未来更多、更大、更有价值的可能性，也就无法给自己树立一个长期的奋斗目标。

如果大家仔细观察这些人便会发现，他们一直寻找机会，寻找方向，难以定下来。这样不仅会把企业经营得乱七八糟，创始人也会因为“乱”而心力交瘁。这就是没有终局思维的一种体现及其危害之处。

为此，我给他们提出的一个解决方案便是看历史类图书。我本人非常喜欢阅读历史类图书。“以史为镜，可以知兴替。”纵观历史长河，事物兴衰更替皆有其周期性定律。阅读历史类图书给我提供了一种立身于当下、阅览千年兴衰变化的宏大视野，我也因此养成了一种在处理任何问题时都将视野放宽、把时间线拉长的思考习惯。这种习惯帮助我拥有了一种与众不同的看待问题的视角，也往往能够帮助我获得一些意想不到的办法。现在看来，这其实也是一种终局思维。

2. 第一性原理

第一性原理要求我们在处理一件事情时，必须抽丝剥茧般找到最本质、最重要的因素，并始终把这个本质因素放在第一位来处理。

身处信息爆炸的时代，周围充斥着各种各样、各行各业的大量信息，如果不能抽丝剥茧般破除“信息茧房”，便会陷入“当局者迷”的尴尬境地。因此，唯有将第一性原理根植于思维深处，并在处理问题时加以灵活运用，创业者才能看到事物的本质，进而快速找到破局点。

3. 增量思维

增量是相对于存量而言的。创业者在看待市场时看到的是增量还是存量，折射出其对市场竞争的态度：增量对应的是合作，存量对应的是竞争。

在谈及认知差异时，我曾提到，当前对市场环境的主流理解是“充满竞争”，很多创业者会将同一个赛道内的参与者视为竞争对手，最好能“除之而后快”。这也导致了对市场环境的另一个主流理解：市场环境“是残酷的”。

然而，市场中也有很多活生生的案例，给我们提供了看待市场的不同角度——化干戈为玉帛，化竞争为合作。相比之下，持这种观点的人明显站在了更高、更宏观的战略维度上。

很多人都好奇梅花创投选择投资对象的标准，其实我们并没有绝对的硬性规定。在我看来，投资一家初创企业，最重要的考察元素之一便是其创始人，而他看待市场和竞争的态度是我尤其在意的。相较于竞争，合作将“蛋糕”做大的增量思维才是取胜之道。

4. 模型思维

模型思维的特点是将事情简单化、标准化。唯有标准化的方案或流程才具备可复制性，才能力出一孔、利出一孔。在创业之路上，遇到困难是无法避免且不尽相同的。在创业之初，企业要谋求在市场上立足，要解决的难题是如何更新迭代自己的产品，使之能够获得消费者的青睐。在接下来的稳定运营阶段，如何合理利用用户数据，进一步扩展公司便成了企业新的难题。等到企业积攒了一定的能量，如何扛住巨头的压力，百尺竿头更进一步，又会成为困扰创业者的头等要务。

当我们面对接踵而来的困难时，是应该生硬地逐个去解决，还是应该运用模型思维，拿出一个可复制的解决方案呢？我相信大多数人都会选择后一种。

当然也会有人质疑：“每个困难的场景都会有所不同，怎么会存在‘可复制’的解决方案呢？”完整的方案当然不具备可复制性，但是方案的核心要素却可以复制。当我们运用第一性原理去思考所面对的问题时便可以发现，从企业创立之初到站稳脚跟，再到与赛道内的巨头展开激烈竞争，很多核心要素是一成不变的，比如产品的核心竞争力、用户需求等。

换言之，这部分保持不变的核心要素所对应的解决方案，完全可以运用模型思维将其简单化、标准化，因此也就能够制定出一个可复制、可重复利用的方案。

在看待一项事物时，囿于认知、位置、经验等因素，每个人都会得出不一样的结论，就最终的结果而言，结论必将存在高低之分。意识到大局观以及战略的差异之后，就应当“见贤思齐”，以贤者为榜样提升自己。我给大家推荐的这四种战略思维方式，是提升大局观的前提。

唯有内化于心，方能外化于行。

第六章

连接：拓宽创业者圈层

创业，是一个持续建立资源要素连接并实现优化整合，从而创造价值的过程。创业者连接创业导师、内部团队、市场环境、品牌与消费者，以及时代趋势等相关资源要素，以此拓宽自己的圈层，提升自适力，完成进化。

其中，人是最为特殊的资源要素。

互惠互利，建立真实有效的连接

斯坦福研究中心发表过一份调查报告，结论指出：一个人赚的钱，12.5% 来自知识，87.5% 来自人际关系。很多人看到这个数据感到震惊，但这却是商业社会的一个现实。正如好莱坞流行的那句话：一个人能否成功，不在于你知道什么，而在于你认识谁。

对创业者来说，人际资源就是人际关系和社会关系。“多条朋友多条路，多个敌人多堵墙”，这句话所蕴含的价值和意义，在创业之路上体现得更为淋漓尽致。可以毫不夸张地说，很多时候，人际关系就是一个人通往财富和成功的通行证。

> 对于国内商界的传奇人物段永平，相信大家都不陌生。他在 1995 年 9 月创办了“步步高”，凭借超高的营销技巧，在很短的时间里，就把一个名不见经传的小品牌做到了妇孺皆知。那句经典的广告词“步步高点读机，哪里不会点哪里”，更是火遍了大江南北。

1999 年，段永平把步步高的业务进行了拆分，把手机板块交给了沈炜，把视听板块交给了陈明永。沈、陈二人是段永平从老东家小霸王公司带出来的，通过在步步高的多年历练，他们从段永平身上学到了很多管理方法，很快就成了独当一面的人才。

2001 年，段永平退休，沈、陈二人也开始了自己的传奇商业之旅。陈明永买断了 OPPO 品牌的全部权限，沈祎则创办了 vivo。根据 Strategy Analytics 在 2022 年 7 月发布的调研数据，OPPO 和 vivo 的市场份额在国产智能手机中分列第二位和第三位，是当之无愧的头部品牌。两个品牌之间的“蓝绿大战”，也是消费者和老百姓津津乐道的话题。

退休之后的段永平开始炒股，他以 1 美元的价格买进 200 万股网易的股票，2 年之后，网易的股票涨到 70 美元 / 股。由此，段永平和丁磊相识。

因为一次偶然的机会，丁磊认识了黄峥。在后来的相处和交谈中，丁磊意识到，黄峥是一个不可多得的人才，于是把他推荐给了段永平。

2006 年，段永平以 62 万美元的价格拍下了与巴菲特共进午餐的机会。与段永平一同出席这次午餐聚会的，就是黄峥。

> 后来，黄峥创办了拼多多。仅2年多的时间，拼多多的平台活跃买家数就超过3亿，并顺利在纳斯达克上市。在回忆自己的创业之旅时，黄峥说道："对我商业教育影响最大的，还是段永平。"

在日常聚会中，经常会有人夸耀自己认识某位前辈或某个行业里的顶级人物，但真实情况是，他们和对方可能只是一面之缘，关系根本达不到锦上添花、雪中送炭的密切程度。在我看来，这都不属于有价值的人际关系。真正有价值的人际关系，不是你认识多少人，而是多少人认可你。

要想真正理解人际资源，就必须明白"人以群分"的吸引力法则：有意义的关系从来都不是求来的，而是靠自己的能量、魅力吸引来的。换句话说就是：你是谁，就会遇到谁。

以案例中的黄峥为例，他能得到段永平的栽培，有两个前提：第一，认识丁磊并获得丁磊的赏识；第二，赢得段永平的青睐。

丁磊是国内成名已久的企业家，在游戏领域，网易一直都处在领先地位。要想获得这样一位行业顶级人物的赏识，仅靠简单的一面之缘是不可能的。从这个角度讲，黄峥的能力和潜力非普通的创业者可比。

段永平在国内商业界的影响力自然无须多说，在商界摸爬滚打多年，他见过的青年才俊必然少不了，要想获得他的青睐，并特别带着一同与巴菲特共进午餐，仅仅达到优秀的水平是远远不够的。这两个前提都指向了一个事实——

黄峥本人是一个非常优秀、顶尖的创业者。

我和很多创业者聊过人际资源这一话题，发现他们大部分人都认为，有效的关系一定体现在，行业中经验丰富的前辈能够给他们指明一条前进的道路，或者就一些专业问题给他们答疑解惑。

这种认知非常狭隘，甚至有很大的局限性。对一个行业、一个领域的认知，归根到底依然是对时代大趋势、对技术发展、对人的认知。而且，这种认知与年龄长幼无关，正如韩愈在《师说》中所强调的："是故弟子不必不如师，师不必贤于弟子，闻道有先后，术业有专攻，如是而已。"因此，创业者不仅在面对行业前辈时应当虚心听取教训，在面对其他人时也应如此。

很多时候，创业前辈或许和你并不同属一个行业，可能在特定的专业知识方面不如你，但是这并不妨碍这些前辈对你所在的行业有其独到的认知。

在"全球衣橱"的发展遇到危机时，我就曾以一个外行人的角度给他们提出一些意见和建议，并成功帮助他们打开思路，找到困境的破局点，最终形成了一个有效的方案。

那次"一句惊醒梦中人"事件后，我一直在思考一个问题：如果我不是他们的投资人，而是一个无专业知识且毫不相干的人，他们会听取我的意见吗？其实这也是我想抛给各个创业者思考的问题和提醒：人际资源是否一定要来自自己的交际圈呢？一个毫不相干的人提出的意见值不值得重视呢？

答案显而易见。还是以黄峥为例，如果他先入为主地认为丁磊来自“游戏圈”，不懂电商，从而忽略对方的赏识，自然就无法认识自己的商业导师段永平。从这个角度讲，有效的人际关系没有任何硬性的框架限制，学无老少，达者为先。

列子写过一篇妇孺皆知的文章《两小儿辩日》，说的是面对两个幼童在争辩“太阳与地球距离的问题”，博学多识的孔子“不能决也”。换个角度讲，这个问题已经超出孔子的认知范围。因此在某些情况下，对方能否提升我们的认知，与对方的身份、年龄、所处的领域并不存在绝对相关性。关键在于，我们以何种态度看待对方，以何种方式思考对方抛出的观点和意见。创业者只有打开心胸，以求知者的心态去辨析、接受他人传授的经验，才能获得更多人的帮助和指点，从而不断提升自己的认知。

总而言之，人际关系的要点，不在于你认识多少人，而在于有多少人能够真正为你和你的企业带来价值。当然，要想获得他人的认可和赏识，自己也要成为优秀的人，如此才能跻身优秀的圈子，与其中的人建立真实有效的连接。事实上，真实有效的人际关系才能激发共享的热情，减少惰怠，刺激创新，并进一步连接更多价值。

在利他基础上，建立成功大厦

先考虑自己的利益，是人的本性；换位思考，先考虑别人的利益，却是一种人生智慧。

“自利则生，利他则久”，利他，是一种大格局。

因此，好的人际关系，其价值从来都不在于一时的得失，而是一种长久的互惠互利。所以我会经常叮嘱一些创业者，让他们学会问自己一个问题：你能给他人带来什么价值？你能给他人创造的价值，其实就在一定程度上决定了你在人际关系中能够获取的最大价值。

> 开市客（Costco）是一家非常神奇甚至“奇葩”的全球连锁超市。当沃尔玛、家乐福等其他同行都在绞尽脑汁想办法提升毛利率时，开市客却反其道而行之，开始压低毛利率，让利消费者。
>
> 该公司内部有两条硬性规定：第一，所有商品的毛利率不得超过

14%。凡是想超过这个指标的，都需要经过公司 CEO 和董事会的批准；第二，要求供应商必须给出最低的价格。如果供应商供给其他商店中的商品比供给开市客的价格低，那么该供应商的商品将永远不会被开市客采用。

开市客这样做的目的就是给消费者提供质量最好、价格最低的产品，而并没有从产品交易中获取利润的打算，所以才会有人说："开市客完全不靠卖东西赚钱。"

此外，开市客允许顾客随意退换货物，不问原因，不限时间，给出的解释是："退货多并不糟糕，相反，退货有利于提高产品质量。因为被退货太多的供应商，肯定会有巨大的压力，往后就会更注重品质。"

这样一家疯狂让利消费者、不追求毛利率的超市非但没有倒闭，反而做得风生水起。因为高质量、低价格的商品只是获客的手段，企业推出的会员制才是真正的谋生之道。根据相关机构在 2021 年统计的数据，开市客在全球范围内拥有超过 5900 万会员家庭，会员卡拥有者超过 1 亿人，公司每年的会员收入高达 35 亿美元。

在 2022 年的《财富》世界 500 强名单中，这家利他的超市名列第 26 位。

从某种程度上讲，做生意就是在经营人际关系。你能够让他人多赚两分的利益，他人就有可能给你带来超过六分的利益。当你认识的人越来越多，让的利也越来越多，生意自然就会越做越大。因此，学会让利他人，是建立人际关系很重要的基础。

当然，“利他”不只体现在金钱层面，思想、智慧、经验教训的分享同样是利他。比如在创业心学黑马实验室和其他黑马实验室，学员之间相互交流创业经验和心得，我和其他老师也会从旁指出大家存在的缺点和不足，给予大方向上的指引，帮助学员成长。这种交流和指导的过程，就是在用“利他思想”培养关系、建立连接的过程。

最重要的是，如果学员的创业项目足够优秀，能够打动我，梅花创投从来都是该出手时就出手，这样的例子不在少数。

> 在我的认知里，投资机构对于创业者的帮助并不局限于资金，也有对他们思维、经验、能力等方面的赋能。因此，梅花创投在投资了一家企业之后，一般会扮演三种角色：肩膀、桥梁、眼睛。
>
> 首先是肩膀，在被投企业遇到困难时，如果梅花创投有能力、有经验，就会毫不犹豫、不遗余力地帮助他们渡过难关。
>
> 其次是桥梁，如果梅花创投没有办法直接帮助被投企业，就会帮助他们找到专业的人士或机构。

最后是眼睛，梅花创投以及我本人，会帮助创业者发现自己没有发现的问题，找寻赛道内存在的趋势和机会。

我时常告诫自己，坐在投资机构的位子上，人的价值和作用至关重要，而且一定要培养长线思维，不能一味追求短期回报。对于被投企业，帮得上是价值创造；对于不进行投资的企业，一句善意的点拨和建议，或许就能帮助创业者开启一扇通往成功的大门。现在为他人点一盏灯，他日就能照亮自己一段路。

其实做投资的这几年，是我个人成长最快的时期，因为我可以与各个领域中最优秀的一批人进行交流，不断学习、成长。

时代会变化，行业会变化，企业从单一曲线向第二曲线过渡是变化，由第二曲线向生态型企业发展更是一种变化。如果我们的认知不能紧跟种种变化不断提升，就有可能成为被淘汰者。这其中，利他，无疑是我们更全面、更正确地认识世界、理解世界的一种优良途径。

成功连接上下层，形成势能

自然界中，水从高处流到低处的过程会释放巨大的能量。在人际关系中，上下层之间同样存在巨大的能量，这就是势能。

古希腊哲学家亚里士多德曾提出一个观点："每个系统中存在一个最基本的命题，它不能被违背或删除。"这个观点与第一性原理十分相似，后者指的是回归一件事最本质的状态，并从中找到实现目标的最优解。

创业最本质的逻辑就是不断地成长、进化。

那么，创业者是否只需要盯着远处的进化目标，对其他方面可以不管不顾呢？答案是否定的。如同经营人际关系一样，创业者不只是要向上请教商业成功人士或行业前辈，同时也要学会向下教导后起之秀。简而言之，一个人在向上成长的同时，也要向下赋能，这就是创业者的势能。

珠海市硅酷科技有限公司（以下简称硅酷）是梅花创投投资的

一家主营半导体封装设备的公司，成立于2019年，其创始人汤毅韬是我见过的最有野心也最能自省、最能积累势能的创业者之一。

在创业之初，汤毅韬和几个志同道合的朋友制定了一个极为宏大甚至有些“不自量力”的目标，直接对标半导体封装领域的国际级龙头企业，意图撼动该企业的市场垄断地位。

在我看来，这种野心没有对错之分，因为它背后潜藏着催人向前的无穷动力。当然，起作用的前提是创业者必须有能力随着企业的发展，判断自己的定位并做出正确的、合时宜的改变。

在向着这个宏大目标发展了一段时间后，汤毅韬发现这是一个战略性错误决定：初创企业很难在大赛道内与一家根基稳固的大企业正面对抗，若任意为之，必然会失败。

硅酷创立之初之所以会碰壁，就在于企业的战略目标和团队执行能力之间存在巨大的鸿沟。

毫无疑问，如果创业者一味追求宏大目标，在团队内部生硬推动不切实际的任务指标，不仅会给员工带来压力，还会对团队士气和凝聚力产生巨大打击，可以说是一种竭泽而渔、杀鸡取卵的行为。

创业者有野心、有干劲儿是一件好事情，但一家初创企业要想与行业龙头正面对抗，显然是不明智的。不论是行业成功人士个人多年积累的势能，还是成熟企业整体的经验和势力，都不是创业者能轻易撼动的。

意识到问题所在之后，硅酷开始转变思路，“把头低了下来”，着眼于自己可以够得到的目标，最终得到市场的认可，获得了数千万元的融资。

硅酷的这种进化方式，其中一个具有代表性的例子便是他们团队决策模式的改变。在最开始讨论问题的时候，硅酷的几名高管会聚在一起各抒己见，展开自由辩论。但这样往往会出现一种现象：因为彼此认知理解不同，最终做决定时不同意见反复“拉锯”，导致团队的力量无法聚拢在一起，白白消耗大量的时间和精力。

初创企业最宝贵的资源就是创始人的精力。硅酷的创始团队察觉到相关的问题后，做出了改变：各个高管负责自己最擅长的方向，最终再和汤毅韬一起拍板、执行，团队效率因此有了明显提升。

除了这种大家一起向前的进化，硅酷最让我欣赏的是他们敢于做出自我牺牲式的“后退”进化。硅酷曾经的软件团队负责人对汤毅韬说：“公司的未来在于那些年轻有潜力的高级工程师，我的任务是搭建好团队，培育好人才。”

这位团队负责人在退居幕后之后，像玩魔法一样对二十几个顶级工程师“排兵布阵”，帮助硅酷在与一个行业龙头企业的竞争中一举获胜。

势能是实力的一部分，更是实力的放大器。当创业者能够成功连接上下层的能量，便不只自己能够获得成长和进化，更能在企业团队内部搭建起一个相通的进化场，实现共同进化。

很多时候，即使一个团队内部存在巨大能量，如果缺乏合适的引导和连接，上下层之间的能量也将会是无序的，甚至是相互抗拒的，自然也就无法形成势能。势能是实力的放大器，能够让创业者成为团队当之无愧的核心，增强企业的凝聚力、向心力，从而爆发出更为强大的战斗力。要注意的是，势能可以放大实力，却不能代替实力。企业必须经过积累能量和实力的蓄势期，才能形成势能，完成进化。

优化个人品牌，建立更强的用户连接

个人品牌是一个十分多元的概念，它包含了知识产权、版权、内容、流量、人、物等诸多元素。在当下的消费环境，一个良好的个人品牌能够更加顺畅地传递企业的核心价值，有助于建立与用户之间的连接。反过来说，个人品牌必须人格化、立体化，如此才更容易让消费者记住。

白小 T 的创始人张勇对此深有体会。

> 张勇在一次交流中对我说，他把白小 T 品牌的成长史划分成三个阶梯式进化的阶段。
>
> 在第一阶段，跳出服装行业品牌溢价的内卷状况，致力于让消费者“只用 1/10 的钱穿大牌”，并提出了“白小 T 就是新一代 T 恤”的品牌定位。在这种理念的支撑下，白小 T 不断刷新销量纪录，冲顶抖音、腾讯、京东等 T 恤品类。

到了第二阶段，张勇及公司管理层深刻地认识到，唯有科技创新才是品牌的基础、公司的未来。因此，他把白小T扎根在“科技重新定义服装”的产品战略中，以实际行动践行“全球伟大的企业皆因产品”的理念，提出了支撑极致爆品的“高科技、高颜值、高品质、高社交货币属性”四高理论。

在第三阶段，张勇开始追求更高层面的个人品牌价值。他认识到，在中国社会经济日益蓬勃发展、民族自信心高涨、中国制造突飞猛进的今天，广大消费者不再一味追捧“外国货”“洋品牌”，消费者关注的重点，更多地转向了产品质量和用户自身体验。

因此，张勇在这一阶段梳理了产品经营和用户经营之间的关系，利用数据中台和私域用户服务打造了新型用户关系管理模式。

需要提醒大家注意的是，个人品牌对于企业最大的意义在于，它能够帮助企业更好地销售产品、传递价值。但建立品牌也有一个大前提，即产品和价值足够“能打”，经得起市场和绝大部分消费者的考验。

如果在企业宣传和个人品牌中投入太多资源，产品和企业价值却出现问题或瑕疵，那无疑是本末倒置了。

个人品牌是一把双刃剑。用好了，能推动企业迅速发展；用砸了，个人品牌又会放大问题，使之成为企业发展的绊脚石。

要想打造一个良好的、坚实的个人品牌，创业者一定要做好以下四点。

1. 与鲸共舞

鲸是当今地球上体形最大的动物。“与鲸共舞”的含义就是，创业者要学会向行业“领头羊”学习，和更大的个人品牌相伴而行。可能很多人会说：“这不就是蹭热度吗？”当然不是。

蹭热度本身是一种十分功利性的行为，我经常对创业者说，人要有功利心，否则就会缺乏上进的动力；但功利心不能太强，否则就会变得势利。热点只是一时的，企业发展却是长久的。

我强调“与鲸共舞”的逻辑在于，创业者应当以行业前辈为榜样，时刻用对方的优点和成功来激励自己，从而实现自我成长和进化。从这个角度讲，商业市场中的任何一条“大鲸”都可以成为创业者成长的榜样，同时也都可以是创业者坚实的人际关系。

2. 勇于表达

在移动互联网时代，与用户地理意义上的距离已经不再是企业品牌和产品传播的障碍。更重要的在于到达率和转化率。

从消费者的角度讲，选购产品时基本只会选择能听到、能看到的产品和品牌，产品再好，如果不学会自我表达，就难以被消费者听到、看到。正是基于这个原因，我才会一直劝导创业者，不仅要做好产品和品牌，更要勇于表达。话语即权利，传播即品牌。

3. 隔山打牛

很多 KOL ① 在打造个人品牌时，总会塑造一种“梦境”，激发大家对于“真善美”的渴求。但是，这种个人品牌形象设定一旦与实际不符，甚至被大家发现是负面形象，迎来的很可能是灭顶之灾。所以，积极正面地表达自己的态度，刻画一个鲜活、立体、正向的品牌形象才是正确的做法。

产品品牌和企业品牌也是如此，在某些事件中积极表明态度和立场，可以非常鲜活地展示品牌形象并得到大众的认同。比如 2021 年鸿星尔克“破产式”捐款事件，其本意十分善良、充满暖色调。当这种温度融入消费者的记忆，整个品牌都会变得人格化、立体化，在传播的过程中，也更容易打动消费者。

---

① 关键意见领袖（key opinion leader，KOL），营销学概念，通常被定义为拥有更多、更准确的产品信息，且为相关群体所接受或信任、对该群体的购买行为有较大影响的人。

4. 草船借箭

所谓草船借箭，就是借势，给产品搭建一个“说话”的舞台。我一直强调，不管创业者以何种方式、何种途径建立个人品牌，都必须有一个大前提，那就是产品质量过硬。借势的初衷，是让自家产品拥有足够多的机会展现在消费者眼前。

针对不同的商业环境，企业需要制定相应、适配的企业发展规划。随着消费者消费理念的不断升级，大家对于“品牌”的理解和信任程度也在不断加深。白小 T 的三个成长阶段，在某种程度上恰好响应了消费者的这种需求改变。

当然，品牌从来都不是凭空建立的，它需要创业者对市场和环境，尤其是对自己所处的赛道要有深刻且独到的认知。换言之，品牌的建立过程，就是创业者个人的成长过程，人际关系和势能，都是创业者成长进化必不可少的助力。

第七章

成长：创业进化的最终追求

初创企业的成长，本质上就是创业者的成长，反之也是如此。创业者在追求业绩增长的同时，还要学会构筑能量“补给站”，帮助自己和团队提升心理能量。此外，在正视风险、驾驭风险中完成正向循环等。更重要的是，创业是生活的一部分，追求成长创业者应该让物质丰盛与精神愉悦和谐共存，相互促进。

构筑能量“补给站”

初创企业的成长、进化是一个复杂且漫长的过程，它不仅考验创业者的认知力、心力、格局、战略能力等综合素质，也不断考验创业者及其团队的心理能量和自适能力。能量低，事倍功半；反之则事半功倍。因此我对许多创业者都强调过这个概念，鼓励他们在追求业绩增长的同时，也要学会构筑能量“补给站”，帮助自己和团队提升心理能量。

在这方面，梅花创投投资的头文科技的创始人易露玉做得十分出色。

在头文科技成立之初，易露玉没有将利益作为团队的首要追求目标，而是另辟蹊径，将目标设定为“开心第一，能力第二，赚钱第三”。按照易露玉的认知和理解，企业要想生存，就必须做好用户体验，利益、品牌、口碑等都是做好用户体验后自然而然的结果。而要想做好企业服务，必须先做好员工服务。员工不开心，心理能量就会很低，自然很难做好企业服务。

头文科技做好员工服务有两个抓手，分别是体验和回报。首先，为了提升员工的工作体验，易露玉在人力部门和行政部门投入“重兵”。针对行政部门的关键绩效指标是微笑度，通过类似部门吐槽大会、微笑墙、部门联谊、剧本杀等活动，打造头文科技独有的“快乐”文化。针对人力部门的关键绩效指标则包括增长、升职加薪等，由人力资源业务合作伙伴对各个部门负责。

其次是员工的回报设计。头文科技参照游戏中打怪升级的设定，制定了每个岗位的回报机制，形成了工资、绩效、项目奖金、年终奖、公司分红五级回报机制，确保月、季、年的收入灵活分配，强调“一分耕耘一分收获”，提升员工对自己工作价值的认同感，持续增强员工的心理能量，激活大家的动力。

除了最直接的物质回报，头文科技还考虑了员工的成长、晋升需求，设计了“自下而上”的干部选拔机制。比如，中基层管理干部一律采用“报名竞聘”的模式，最大限度地开放了人才晋升通道。

正是得益于这种开心文化和公开合理的晋升制度，头文科技的员工大多保持着较高的心理能量，持续为企业发展、成长贡献力量。使头文科技在扩招的同时，实现每年平均涨薪 20% 以上。

易露玉常常鼓励员工去和同学、同事比工资、比空间、比开心，

> 她甚至还会在内部对大家说："如果有人来'挖'你，你一定要告诉我他开的价，如果公司给不起，等有钱了再去'挖'你回来。如果你选择留下，我会当众感激你。"

创业是创业者人生旅程的一部分，而员工努力工作和奋斗是为了提升生活质量。虽然创业者与员工处在不同的位置，但对人生最本质的追求是一样的——开心。从这个角度讲，创业者为自己、为员工构筑能量"补给站"，本身就是一种高层级生活哲学的体现。

当然，没有哪个人的生活能够一帆风顺，创业之路也是如此。关键在于创业者能否从困难和挫折中吸取足够的经验教训和能量，提升自适力，不断自我进化。"95后"创业者吴德堪最值得其他创业者学习的地方，就在于他的自省自查以及自我进化的能力，这也是我选择投资他的公司的原因之一。

> 吴德堪从小就对游戏制作非常感兴趣，早在2006年便开发制作了第一款游戏。2015年，他的游戏项目被某投资人看中并投资，也是在这一年，吴德堪成立了迷之游戏公司。在那之后的7年时间里（截至2022年），公司屡陷困境，甚至有几次濒临破产，好在吴德堪和他的团队同舟共济，最终挺了过来。
>
> 也是在这些磨难中，吴德堪吸取了大量的成长能量，根据他个人的总结，大致可以分为以下三点。

1. 与用户共情

项目刚开始落地时，吴德堪一厢情愿地认为公司的产品领先市场，一定会受到玩家的热烈欢迎。这其实是很多刚刚起步的创业者都会犯下的错误，即自己的认知或理想与实际用户场景脱钩，只知道埋头做产品，忽略了产品与用户之间最本质的逻辑关系。在回顾这一点时，吴德堪总结说："我爱上了自己的产品，而不是满足用户真实的需求。"

在发现这个问题之后，吴德堪带领团队迅速做出改变。他亲自跑到网吧，调研玩家最真实的需求点，最终发现，他之前坚持的所谓优势，在大部分玩家眼里根本无关紧要。

2. 选对赛道

游戏是一个细分领域众多却壁垒不明显的行业，所以吴德堪在与同行业者、面试者、员工的交流过程中，开始羡慕其他细分领域的从业者，比如手游、3A 游戏等，并付诸行动跟进。但是，最终因为缺乏相关的人员、技术和经验的积累，项目很快就失败了。

后来吴德堪发现，在那些热门的赛道里，一些企业具有压倒性优势，自己积累的优势在换赛道之后便荡然无存，所以竞争失败几乎是必然的。

其实，不同赛道有不同的杠杆，某些赛道因为内卷的缘故，一分努力可能只有半分收获；也有的赛道天然拥有更高的市场容量和天花板，吴德堪原来选择的赛道就是如此。

明白了这些情况之后，吴德堪便不再羡慕别的赛道的人，转而把所有的资源倾注到基本盘，研究游戏玩法和原创内容，专注于做好自己的作品，相信时机成熟时自然会有更大的平台等着迷之游戏。

3. 躬身入局

曾经有很长一段时间，迷之游戏深陷“战略主义”“框架主义”的旋涡，不断研究战略思维、顶层设计、组织发展等管理概念。比如在公司经营方面，吴德堪只负责制定战略、把控大方向，其他全都交给下属去执行；在游戏项目中，制作人制定“策划框架”，很少过问执行细节。

然而时间长了之后，吴德堪发现，公司很多中层管理者只是坐在办公室批改文件，从来没有自己走过真正的流程，导致文件越批越多，基层员工怨声一片，管理者却一致认为员工执行力不够。

> 公司架构上下无法真正联通，使得很多优秀的战略都成了纸上谈兵，得不到落实，即便强行落实，最终的结果也是严重变形的。

不了解实际情况，就没有发言权。决策者不是必须了解如何在一线作战，但一定要能听到一线的“炮火声”，躬身入局。只有共同经历，才具备换位思考的能力，才能听到、看到组织内外每个人的需求，并构筑能量“补给站”，在适当的时候滋养彼此。对创业者而言，躬身入局也是一次实操的能量“补给”，是每一位决策者需要终身奉行的。

创业进化，归根结底是创业者个人的成长与进化。因此，无论顺境还是逆境，创业者都应当构筑一个能够支撑自己的能量“补给站”，帮助自己成长，提升自适力，完成自我进化。

正视风险，驾驭风险

商业市场中从来都不缺乏新机会，关键在于创业者能否看到、捕捉到。正所谓“祸福相倚”，机会往往与风险并存。

有一些创业者往往不能理性看待机会，也无法从更高的维度和更大的格局去观察机会中可能潜藏的危机，他们的创业其实就是在碰运气，失败的概率非常大。即便企业因为运气存活了下来，最终也很可能因为失去运气而走向破产。

还有一些创业者恰恰相反，哪怕仅有一点点潜在的风险都不会去尝试，无论做什么都要准备到万无一失才开始。这样的创业者我见过很多。但商业市场是一个动态环境，其中的信息、数据、趋势从来都不会保持不变，前一刻对市场的理解和认知，在下一刻很可能就会失效，而根据此前的认知做出的准备，自然也会跟着一起落空。

因此，面对风险，创业者应该保持一种中性的态度，既不要盲目忽略，也不要畏缩不前。创业者要在风险中寻找稳定的收益，在稳定中寻找突破风险的机会，在不断的环境适应中调整自我。

2017 年，易露玉决定创办头文科技的时候，其实是想做一个以技术驱动、轻资产和高人效比的小而美的公司。在最初的几年，他们的确是这么做的。凭借按效果付费的创新商业模式，头文科技有了非常不错的开局，创办当年，20 多人的团队就赚到了够养活自己 3 年的钱。

随着公司的知名度越来越大，易露玉和头文科技开始面临一个“幸福的烦恼”：在没有专职销售的情况下，已有客户续约合同的金额大幅增长，转介绍的客户也源源不断。根据这种情况，头文科技团队得出了一个合理的预计：公司的订单金额和客户数量仍将大幅增长。但是从企业内部看，小而美的运作模式显然无法把握这些机会。

更为关键的是，随着今日头条、抖音、快手、小红书等内容平台的快速崛起，很多企业把预算投向内容营销，资本也持续加码这个赛道，融资消息不断传来。易露玉深切感受到市场从消费互联网转型到产业互联网的过程中，企业数字化升级浪潮带来的巨大想象力和难以估量的新机会。

此时，一个选择题摆在了头文科技的面前：要么拒绝低利润，继续“小而美”；要么放弃小而美，选择“做大做强”。

头文科技面临的处境不是个例，任何一家企业在经营和成长进化的过程中都会面临选择，比如第二曲线的开发、企业长期战略的调整等。但不管是哪种场景，只要创业者做出选择，就必须承担可能随之而来的风险。因此，在做出决策之前一定要慎之又慎，多方面预想选择带来的种种可能，并为之做好应对方案。

面对“小而美”和“做大做强”的选择，头文科技的几位创始人坐在一起商量对策。他们最终达成共识：把公司做大，与技术驱动、高人效比的创业初心并不冲突；在一个时代大趋势中，放弃巨大的机会，只做一个小而美的赚钱公司，才有可能是最大的错误。更重要的是，这种机会错过了就难以追回。

因此，易露玉重新梳理了公司的发展规划，最终给头文科技做出了定位：做一家内容科技公司，通过向客户提供一站式智能营销产品和服务，帮助企业实现品牌和销售的同步增长。

找到方向之后，头文科技面对的第一道关就是融资。由于他们的模式早已跑通，而且实现了盈利，融资进展非常顺利，对方给出的估值也比易露玉预期的高出一倍，整个团队都因此大受鼓舞。

然而就在投资合作正式达成前夕，易露玉突然意识到这笔投资可能存在的风险。因为对方是一家公关公司，如果拿了对方的投资，就意味着头文科技会成为他们的附庸，而这是易露玉不愿意接受的。

> 就当时的市场情形看，大部分数字化营销公司都属于低买高卖的中间商，这种赚差价的模式会受到上下游的持续挤压，对公司发展极为不利。易露玉对头文科技的期待是，通过大数据和技术助力企业数字化转型，打造独有的智能营销 SaaS，通过创造价值赚钱。基于这些考量，尽管这家公关公司给出了当时最高的估值，但易露玉还是没有选择它。
>
> 经过这次融资事件，易露玉对接下来的融资确定了 3 个前提条件：第一，足够市场化，确保估值公允；第二，足够专业化，能够持续赋能；第三，投资方足够知名，能够为头文科技背书。基于这 3 点，梅花创投与头文科技在阳光和煦的午后达成了投资合作。

创业本就是一项每天都需要处理大量冗杂信息的工作，创业者需要从已知、未知以及不确定的信息中找到一条适合自己的道路，唯有这样，才能把事情做“对”，企业才有可能持续安稳地走下去。后来易露玉在回忆这次融资时说：“从估值上看，梅花创投和东湖天使给出的估值都不是最高的，但这一路陪跑，确实让我们切身感受到，选对投资人有多么重要。”

当然，能够理智面对机会并审慎地从中观察到可能存在的风险，这本身就是创业者认知力、心力、格局等强大自适力的体现。从这个角度来说，“正视风险，驾驭风险”可以很好地倒逼创业者不断提升自适力，完成自我成长、进化，进而形成一种正向增强的良性循环。

大带宽与聚焦并行

创业者需要对自己当下的事业保持绝对专注，这一点毋庸置疑，因此我才会不厌其烦地对创业者强调战略专注的作用和意义，并敦促他们培养相关的意识和能力。但是，创业者保持战略专注，是否就意味着在制定、执行企业战略时，只需要关注某一个具体的点呢？当然不是。

战略专注更多体现在赛道以及企业的发展方向等宏观层面，旨在防止创业者被市场的节奏影响，比如看到风口就跃跃欲试，看到新机会就想放弃眼下的事业重新开始。战略上不专注，只会带领团队走向灭亡。

相较于宏观层面的聚焦，创业者落实战略时应当保持大带宽和宽作业面，实现高效率的多线程。正是因为具备了这种能力，千鸟互联的创始人刘闻波才得以带领团队实现高速增长，迈过“10亿元俱乐部”的门槛。

在创建千鸟互联之前，刘闻波曾在同城货运领域开创过一番事业。他创建的“1号货的”曾是华南地区最大的车货匹配平台，业务遍及全国 10 多个城市，团队超过 400 人，完成了数轮高达几千万元的融资。

虽然刘闻波在 2017 年离开了“1 号货的”团队，给这次创业画上了一个不太圆满的句号，但值得庆幸的是，经历过从高峰到低谷的刘闻波并没有就此消沉，而是积极地复盘、思考、总结，并为接下来的创业确定了四条清晰的边界。

第一条边界是，赛道的天花板要足够高，至少要有百亿美元的机会。

第二条边界是，赛道特点能够与团队的能力模型相匹配。刘闻波总结道：“我们团队的核心特点就是战斗力特别强，能打硬仗，线下能力尤其突出，因此也就更加适合产业互联网。”

第三条边界是，产业要有足够多的数字化改造机会和可能。

第四条边界是，离钱近。确保赛道内已有大部分商家处在盈利的阶段。此外，创业阶段不能一直只投资不追求利润，而且在进行数字化改造的过程中，必须能够创造足够的价值，让用户愿意买单。

刘闻波通过思考总结出来的这些创业边界，就是专注的一种体现。有了之前创业失败的教训，他提升了自适力，深刻领悟了自己团队的能力范围和核心特点，接下来，他对团队能力和资源进行聚焦，专注在四条创业边界框定的赛道之内，由此让团队发挥出更高的战斗力，进而赢得了市场竞争。

> 在确定了四条创业边界之后，刘闻波带领团队全面分析了很多可能的产业赛道，如家居、建材、水果、生鲜等，然后得出结论：绝大部分产业符合前三个条件，但线下原有商家基本上都已经深陷经营的泥沼，很难再盈利。经过新一轮的分析，刘闻波最终发现了一个被绝大多数人忽略的市场：废纸回收打包站。经过调研，他们得知这个行业中的商家有一半以上的收益可观。
>
> 经过进一步的研究分析，刘闻波发现这个赛道虽然符合后三个条件，可是赛道的整体容量只有1500亿元，仅靠废纸回收很难支撑百亿美元的想象空间。如何突破赛道的天花板，成了他们团队当时最急需解决的问题。
>
> 为了解决这个问题，刘闻波带领团队拜访了许多商家和工厂。功夫不负有心人，他们最终在一个细分赛道内找到了答案，那就是专门做工业废纸回收。这个赛道的核心逻辑是处理印刷包装厂的边角废料，赛道容量约占了整个废纸容量的一半。印刷包装行业是一个规模达万亿元的赛道，这里有足够的想象空间。关键的一点是，原有的大部分商家根本没有足够全面的能力模型，去支撑他们与印刷包装厂建立更多维度的业务合作，这正是刘闻波团队

可以施展拳脚的领域。

有了这些思考，他们很快锁定了创业的核心思路，即通过工业废纸的回收，切入印刷包装产业链。在调研了一个多月、走访了数百家上下游工厂后，刘闻波正式成立了千鸟回收。

从1500亿到万亿，这是一个市场容量量级的跨越。其实在千鸟互联之前，这个万亿级的市场一直存在，只是因为认知、理解和市场阅读能力的差距，很多创业者没有发现它。因此，当我们回过头去看刘闻波及其团队的一系列调研、分析就能够明白，之所以是他而不是别人发现了这个市场，一个很重要的原因在于他和他的团队对既定赛道的聚焦和深度发掘。

与之形成鲜明对比的是，如今有很多创业者都在追求风口和热点行业。诚然，能够成为风口的赛道，一般而言都是具备超高天花板的行业，但是当所有人一窝蜂涌入一个行业时，即便再高的天花板，也有可能被人群弄塌。甚至有时候还会出现一些所谓的风口行业，最终未能经过市场验证，以共享单车为代表的共享经济就是一个很典型的例子。

总之，创业者必须做到“抬头聚焦观察赛道，低头大带宽处理事务”。因为不论是多么深刻的观察和思考，最终都必须高效地落实到日常工作中，才能产生推动企业发展的能量。

千鸟回收选择通过废纸回收赛道切入印刷包装产业链，绝对是降维打击。凭借对数字化技术的利用、远超同行的高素质管理团队、在资本市场融资到的高起点资金，以及因为绝对聚焦而配合演练无数次的行动路径，它形成了对行业原有从业者的全面优势。于是，不到半年时间，它就成了华南地区最大的工业废纸回收企业。

通过工业废纸回收，千鸟回收建立了与上下游众多印刷包装厂和造纸厂的深度链接。有了一定的基础后，他们便着手尝试突破行业的天花板，开始了“多线出击”。2020 年，千鸟回收正式升级为千鸟互联，公司最本质的基因也发生了改变，从传统转向了数字化。

刘闻波团队通过“闭环供应链 + 智能云工厂”的方式，深度改造了整个印包产业，用“SaaS + 交易”的方式，给产业链条上的废纸打包站、印包厂、造纸厂等企业提供完整的数字化管理和交易服务方案。此后，千鸟互联又陆续推出 AI 打包站、AI 印包厂、AI 造纸厂。在这个产业的生态闭环里，链条上下游的企业都可以通过千鸟互联完成对生产的智能管理，极大地提升管理效率，并基于数字化管理工具，在千鸟互联平台上完成核心订单交易。

2022 年，千鸟互联做出了一个重大的产业战略突破，快速落地了一批智能云工厂。具体来说，他们通过每个 2 万平方米的实体工厂，将印包产业分散的产能集中到云工厂之上，进行统一管理、统一接单、统一生产、统一集采。运用万物互联（internet of everything，IOE）和制造执行系统（manufacturing execution system，MES）搭建了一套智能管理体系，将印包订单的生产效率提升了 30%，将包装订单的生产成本降低了 20%。

在聚焦和大带宽并行战略的加持之下，千鸟互联在 2021 年全年纳税近 1 亿元，营收达到 10.7 亿元，正式进入“10 亿元俱乐部”。

大带宽与聚焦必须同时进行。单有聚焦，而没有执行时的大带宽，创业者制定的战略、目标都不过是镜中花、水中月，很难产生实际的价值和意义。同样，如果只是埋头追求高效率的大带宽，却缺少对赛道的聚焦和认知，创业者也大概率会变得迷茫，进而影响工作效率，最终导致创业失败。

提高容“蠢”度，提升发展可能性

所谓容“蠢”度，更多时候指的是一种面对错误时的心态和态度。在创业过程中，犯错在所难免也不可怕，关键在于创业者如何对待自己犯的错误。

阳明先生曾说：“只存得此心常见在便是学。过去未来事，思之何益？徒放心耳。”这句话是在告诫我们，只要常常存养内心，便可以觉察到心的存在，这就是做学问。对已经发生的事情和没有发生的事情，过度思考很可能没有任何好处，这种胡思乱想只会让我们丢失清明的本心。

因此，在面对这些错误时，创业者一定要懂得放下。很多时候，越在意，心里就越乱，反而被情绪控制。往者不可谏，来者犹可追。创业者要做的应该是不断提高自己的容“蠢”度，从错误和失败中吸取教训，获得成长进化。

商业市场是非常复杂的，各种信息、数据、技术、趋势日新月异，即便是某一个细分赛道内的企业，也处在持续的变化当中。而无论是市场的变化、趋势的变化，还是消费需求的变化，最终都会作用于企业，倒逼企业提升自适力，做出相应的改变。

企业的这种改变大致可以分为两种：主动型和被动型。前者很容易理解，创业者基于自身的认知力、战略能力、格局等自适力，主动顺应时代需要，调整企业发展策略；后者则大都是在市场竞争的压力之下，被动做出调整。

无论主动改变还是被动改变，创业者都有可能在改变的过程中犯错，没有人敢说自己百分之百读懂了市场，或者保证自己的方案百分之百有效。如果创业者容“蠢”度高，能以一种正确的心态和态度去面对以往的愚蠢和错误，从中吸取经验教训，获得自我成长，那么就可以大幅度提升企业发展的可能性。

杭州红盟文化创始人余南南就是一位容“蠢”度很高的创业者。

> 2020年9月20日，余南南在南昌和几个合伙人“和平分手”，结束了第一段合伙创业经历，开始了重新创业。其实在和之前的合伙人分道扬镳之前，这个团队曾经历了长达三四个月的拉扯、内耗，是余南南创业以来“踩坑”最多的一次经历。
>
> 但是，当余南南回顾这次创业时，并没有对他人心存一丝一毫

的怨恨，有的只是深度的反思和总结。另外，通过这次经历，他在股权、谈判、人性、团队管理、财务意识等方面的能力都获得了很大的提升，所以他十分感激自己拥有这段经历。

2020 年 10 月 1 日，余南南带着 6 个人来到杭州，创办了红盟文化传媒。这是他第三次创业，用他的话来形容却是："一切都像是重新开始了一样。"从这句话不难看出，他的状态、心态非常不错。因为是刚刚起步，所以公司的一切事务，包括搬桌子、拉网线、铺地毯这些杂事，都需要余南南亲力亲为，可他乐在其中。

余南南给红盟文化设定的第一个"三年目标"是，做成一个 10 亿元的新媒体营销生态。他带头加班拼搏，几乎每天都是从早上八点工作到夜里一两点。团队中的小伙伴们也没有叫苦叫累，反而觉得非常充实。一个月之后，他们的小团队完成了 400 万元的业绩。

2021 年，杭州红盟文化迎来了飞速发展期，从 1 月的 1000 万元到 4 月的 4000 万元，业绩不断创造历史新高。与成绩一样，余南南的自信心也开始膨胀起来，他决定下场做品牌。

很多情况下，创业失败最根本的原因并不是市场竞争失利或行业发生了剧变，而是因为创业者对团队及自身综合能力认识不足，导致过于乐观地预估了企业的发展前景。简单来说，就是创业者盲目地执行了不正确的“奇招”。我从旁观者的角度观察和总结过太多这样的案例，所以才会不厌其烦地告诫创业者要专注。

当然，从创业者的角度讲，因为执行了“奇招”而遭遇暂时性的失败或困境，并不一定是件坏事。有时候，这样的经历不仅可以让创业者丰富经验，提升认知力和自适力，还能鞭策创业者自我反思，提升容“蠢”度。

> 余南南在下场做品牌之前，其实并没有太多相关认知和经验，因此只能摸着石头过河，寄希望于有了资本积累之后，再请专业的人把关。正是源于这样的心态，他才受到了“2021年最惨痛的教训”。
>
> 由于公司增长乏力，他们把很多问题都归咎于人才匮乏，试图通过招聘更多的人解决这些问题，所以那段时间一直在盲目扩张。但这么做的结果就是，人效持续走低，团队内耗空前。所有人都是为了做事而做事，部门与部门之间存在严重的扯皮推诿现象。作为创始人的余南南每天像救火员一样，哪里需要他，他就往那里跑。后来他对我说：“那段时间，整个团队，包括我自己，都非常消沉，心态很差。”一个明显的体现就是，公司原有的业务基本盘特别不稳，公司面临巨大的亏损。
>
> 在意识到这些问题之后，余南南首先摆正了自己的姿态，找回

了创业的初心，然后通过总结经验教训、调整团队和业务策略等方式，逐渐把公司拉回了正轨。

当然，提升容“蠢”度并不意味着毫无底线地忽略错误。只有创业者能够正视错误，并从中得到成长进化的能量，错误才有意义。

相信直觉，警惕直觉

直觉是一种非常重要的能力，但创业者必须清醒地认识到，直觉也是一种充满未知和不确定性的能力，所以在相信直觉的同时，也需要警惕直觉。其中的逻辑在于，直觉是创业者自身市场经验、认知力、专业知识等内在素质的一种不自觉的综合性体现。也就是说，创业者通过直觉得到的结论，往往就是下意识判断的结果。

我之所以要大家警惕直觉，原因也在于此。模糊的判断和结论可以作为创业者认识、理解问题的参考，但不能作为制定企业发展战略时的意见和支撑。在直觉的基础上，创业者还需要进一步根据市场实际情况进行调研和思考，进而制定合适、合理的战略或产品计划，只有这样，才能真正发挥直觉的价值。

梅花创投投资的轩博啤酒，在创建之初就经历过创始人“相信直觉，警惕直觉”的阶段。

在创立轩博啤酒之前，叶进博于2012年创办了博典地板，用了不到 2 年时间就将博典地板打造成中国地板电商第一品牌，在线销量超过了某些行业巨头企业。在运营博典地板的过程中，叶进博的团队积累了在线精细流量运营的强大能力。

然而，在博典地板成为地板在线头部品牌后，公司的发展很快出现了瓶颈。地板行业的线上销售流量十分有限，很难在短时间内再创佳绩。除此之外，地板属于耐耗品，一般在 20 年之后才会产生复购，这也就意味着，叶进博面临复购为零的困境。

在碰到困境后，叶进博一直在带领团队探索线上流量运营能力与品类结合的进化路径。一次偶然的机会，叶进博品尝了德国的精酿啤酒，非常喜欢其口感。凭借消费者和创业者的双重身份，叶进博凭直觉判断，这种精酿啤酒很可能会引爆市场，同时也有机会成为公司进化的突破口。

在后来回忆这次“缘分”时，叶进博对“直觉”的作用十分感慨，如果自己只是沉迷于产品的口感，而没有仔细探究其中潜藏的商业价值，就不会有轩博啤酒现在的成绩，他自己或许也一直会在之前的困境中挣扎，最终被时代的浪潮淘汰。

但就像我强调的一样，直觉只是一种模糊的感觉和判断，无法直接作为企业战略的支撑点。创业者要做的，应该是在直觉的基础上，进行更为严谨、全面的研讨分析，这样才有可能拿出一个适合企业发展的战略和方案。

在意识到精酿啤酒的商业价值之后，叶进博带领团队对这个行业进行了一次系统的考察调研，并得出了一个结论：在国外，精酿啤酒作为工业啤酒的升级产品已经是一个既定的事实，市场普及率已达到22%。而国内则刚刚起步，市场普及率不到2%，也就是说，精酿啤酒市场潜力巨大。相较于工业啤酒品牌，国内的精酿创业品牌都在做小众精酿的阶段，口感过于个性化，价格偏贵，性价比较低，还没有出现巨头品牌。

基于这些了解，叶进博提出了“精酿平替工业啤酒”的大众化精酿新模式。为此，他从原电商团队中抽调了部分精英，专门组建了一支专业团队，打通了上下游的供应链，将精酿的生产成本降低了40%以上。

此后大概1年的时间，轩博啤酒就取得了线上成交用户300万的好成绩，快速成为中国精酿第一在线品牌。

不知道大家有没有思考过这样一个问题：为什么直觉相信的事情，会让我们产生一种更有价值、更容易成功的感觉呢？在解答这个问题之前，我先和大家分享一个由国外心理学家做的实验。

实验对象是随机挑选的一家公司的所有职员，实验方式很简单——卖彩票。每张彩票的价格是1美元，头等奖的奖金是500万美元。与大家所熟知的彩票购买方式一样，一部分人选择了随

> 机号码，另一部分人选定了心仪的号码。
>
> 开奖前一天，实验人员找到这些买彩票的人，并对他们说，有人想购买他们手中的彩票，具体价格可以由他们来定。最终实验结果是：选择随机彩票号码的人，每张彩票平均报价只有 1.96 美元；而那些自主选定号码的人，平均报价高达 8.16 美元，是前者报价的 4 倍多。
>
> 实验人员对此的解释是，自主选定号码的人，他们中奖的直觉和信心更加强烈，所以对彩票的报价也就更高。

对彩票有所了解的人都知道，中奖与否完全是一个随机事件，与是不是自主选择号码的关系并不大。可是在实际中，凭借直觉自主选择号码的彩民往往会认为自己中奖的概率更高。

在创业这件事情上，直觉也发挥着同样的作用，并给创业者同样的信念。

对绝大多数企业来说，未来的市场环境和行业趋势就如同彩票的中奖号码一样，是一个未知数，初创企业尤为如此。相较于成熟生态化的大型企业，不论是抗风险能力，还是对新技术、新趋势的探索能力，初创企业都略逊一筹。在这种情况下，创业者对未知的直觉就显得十分重要，成为创业者成长进化的一大驱动力。

人生是一场自我实现的预言，成长是目标，也是路径。创业是生活的一部分，创业者从工作中学习的任何一个道理、经验，其实最终都会落实到更多的生活场景中，这也是我为什么会在心力、认知力、战略能力等个人综合素质之外，还要添加“成长”这个板块的原因。希望每一位创业者都能在生活当中得到成长并最大限度地拓展生命的深度和广度。

附录

黑马实验室学员与创业心学的十问十答

问题一

学员提问（窦刚　创业心学实验室学员　创业心学黑马实验室　热度星选创始人）

我的项目叫热度星选，是一个直播电商供应链撮合交易平台。它的内容核心是给主播提供爆款产品的选品服务，给商家提供全网 KOL 分发渠道。我想问一下吴老师对当下直播带货行业的看法。

吴世春答

现在的行业现状是，有大量的新兴消费品牌在崛起，它们需要直播电商平台的流量，但苦于没有主播资源。同时，很多腰部主播和尾部主播缺少优质的供应链资源。所以我觉得你的项目非常好，能够连接商家和主播，解决一部分行业痛点。

一方面，对商家来讲，最大的问题是品销不能合一，比如我花了 60 万元坑位费，结果最后产品只卖了 13 万元。现在除了一些头部顶流主播，大部分主播的实际销量都无法与坑位费的价值匹配。

另一方面，这个市场上存在大量腰部主播，他们因为势单力薄，拿不到好的货源。如果收取坑位费，采购方就会把一些质量不过关的产品引入其中，影响主播的业绩和口碑。所以，如何在供应链上下功夫、在选品上把好关就显得十分重要，要做到供销的基本平衡。

问题二

学员提问（雷洛 创业心学黑马实验室 靓机汇创始人）

吴老师，您好！我想请教一下您对创业瓶颈和突破点的理解。

吴世春答

创业瓶颈是一个很正常的现象，我们也需要做一些突破性的尝试。但它应该有一个前提，那就是不能盲目跟风，而是要在已有稳定现金流的基础上，锚定企业当下具备的优势和能力，去解决消费者和市场的痛点，而且必须解决消费者和市场有痛感的痛点。

例如，做快充的充电宝市场，虽然大家有这个痛点，但并不会让大家马上购买一块充电宝。如果出门在外手机没电了，我完全可以租一块充电宝。在这样没有剧烈痛感的赛道内是很难找到有效突破点的。

所以我一直对很多创业者强调一个公式，即，用新的用户体验减去已有的用户体验，再减去新产品的替换成本，最终得出的结果应该是一个正值，这个项目才有可能成立。

此外，寻找突破点的大方向也很重要。很多创业者喜欢围绕旧有板块开展新的业务，我并不是在否定这些板块的价值，只是对于想突破瓶颈的创业者来说，它的有效空间并不很大，最主要的是，其中的竞争压力会很大，换句话说，就是机会不大。

因此，我更推荐大家把目光放到一些更前沿的方向上。在一些新兴领域中，一旦投资者达成共识，就会有大量的资金涌入，比如当时的互联网及后来的移动互联网，创业者可以利用巨头们搭建的平台，创造很多价值和很繁荣的生态。

综上所述，我的建议就是大胆一些，去探索新的方向和领域。

问题三

学员提问（魏兴　创业心学黑马实验室　中再能源创始人）

吴老师，您好！我的创业项目为中再能源，是汽车产业最后一个环节的循环经济供应链平台，主营废旧轮胎、废旧电池和报废汽车的回收再利用。我们算是国内第一家在汽车赛道废品回收再利用的规模化平台化的公司，我想请教吴老师对这个行业的理解和建议。

吴世春答

虽然这个行业看起来很传统，但内在是一个实实在在的朝阳行业，而且与环保、双碳结合在一起，整体前景非常不错，一定会越来越受关注和欢迎。现在很多投资机构和基金投资 ESG[①] 项目，或者配置一些相关项目，比如我们梅花创投投资的千鸟互联回收项目。

这个行业非常好的一点是，创业者不仅可以做自己的业务，还可以计算碳积分，比如做了多少东西被回收了，多少电池进入了循环，这里存在很大的想象空间。对创业者来说，这个行业的天花板很高，细分赛道也很多，既可以做评估，也可以做系统。当然，如果目标足够大，能力足够强，还可以发展自己的业务模型，做更多、更全面的业务。总体来说，这是一个非常值得尝试、很有价值的行业。

① ESG，即 environmental（环境）、social（社会）、governance（公司治理）。

问题四

学员提问（孙玉芊　创业心学黑马实验室　巧合积木创始人）

吴老师，您好！我的项目是巧合积木，我们想做一款带有中国人自己文化基因的中式积木，希望在未来，中国人想到积木的时候，除了乐高还有中国人自己的品牌可以选。我们在产品中注入了大量的传统文化因素，比如古代兵俑，包括从周朝、春秋一直到清朝的兵种的内容。我想请吴老师谈一下对这个领域的看法。

吴世春答

与磁性珠子的积木或乐高积木相比，你们这个带有榫卯结构的产品肯定更能锻炼孩子的协调、配合能力。但是你选择的品类对小孩子来说不是最讨巧的。现在的孩子可能更喜欢搭建车、坦克、房子等，他们能理解，也就愿意接受。你们的产品带有历史内涵，需要使用者对相关历史知识和背景有一定的了解，大部分孩子并不具备相关的知识积累，也就缺乏代入感。

所以我的建议是，围绕当下一些热门的、国家公开展示的知名武器去开发，这样可以迎合孩子的爱国热情及对自己国家先进武器的热情，相较于传统的古代冷兵器，这个方向可能更好一些。

问题五

学员提问（许家豪　创业心学黑马实验室　知造数据创始人）

吴老师，您好！我的项目是知造数据。我们是一家技术服务提供商，主要对接汽车制造业和消费电子行业。我想向吴老师请教关于产品标准化的问题。

吴世春答

要想做产品的标准化，需要注意三点。首先，要找到一个高天花板的落地场景；其次，在 2B 的行业里，合理搭配团队成员的构成，应该配备有技术层面的高精尖人才，并灵活运用他们的能力和能量，在市场中找到有价值、有潜力的产品；最后，团队成员中要有一个“超级教授”。

在这三点之外，对创业者自身素质也有一定的要求，比如要有耐心。这并不是一个“立竿见影”的行业。而且在创业之初，要把握好前进的节奏，并制定相应的节奏标准。比如有的创业者喜欢做小客户，认为来钱快。但是从长远看，小客户很难对企业的长足进步产生重大影响。那些小客户提出的要求，大都不具备良好的复制性，也就是说，创业者一般很难从这种业务中获得经验和成长。因此，得到大客户的认可非常关键，有利于产品的标准化。

问题六

学员提问（汤毅韬　硅酷创始人）

吴老师，我知道您对扑克玩法有很深入的理解，也从中领悟到很多创业的认知。我想向您请教一下，您有什么建议可以让我们比较快地搭建或升级自己的认知系统，谢谢。

吴世春答

首先，你要确定建立认知系统的目的和意义，有意识地去搭建这样的系统，而不是为了打牌而打牌、为了创业而创业，这种盲目的行为没有任何意义，甚至可以说是有害的。

其次，在搭建这个系统的过程中，一定要做大量的训练，去完善、改进和优化自己的系统。

最后，你也要明白一点，任何一个系统都会经历从粗糙到完善的过程。而且每个人的认知系统都不一样，没有优劣之分，适合自己的才是最好的。

问题七

学员提问（徐晨华　有车以后创始人）

吴老师，我想请教一下，战略能力是一种可以训练的能力，还是一种天赋？

吴世春答

我觉得是三分先天，七分后天。战略能力一定是可以训练的，经过有意识、有目的、有方法的训练，这种能力会得到极大的加强。

每个人都有战略能力，只不过大家的区别在于，有的人战略能力高一点，有的人低一点，也有的人根本没有去强化和提升自己的战略能力。就像身体训练一样，你有意识地天天使用手臂的力量，你的臂力就会越来越强劲。

在企业里，如果你有意识地天天多思考，而不只是在战术上下功夫，那么你的战略能力就会越来越强。如果不是有意识地去加强、去使用你的战略能力，那么你的战略能力自然不会获得提升。

问题八

学员提问（刘沂鑫　北极数据创始人）

请吴老师谈谈创始团队的格局对创业的影响。

吴世春答

梅花创投投资的北京夕航科技创始人李帅是一位连续创业者，他对之前几次失败的创业经历做过一次总结，这次总结也是他对自己的一个评价："如果当时我的视野和格局再大一点，早一点开始去探索商业模式，而不是一心想着先把规模做大再去实现营收，也就不至于让那么多团队成员离开，最终的结果或许就会不一样。"

我经常对创业者说，一家企业的价值，90% 集中在创业团队上；而一个创业团队的价值，80% 集中在企业创始人身上。如果创始人或创始团队的格局不够大，那么他们在看待问题、分析问题时，必然是"鼠目寸光"，看不到长远的机会和可能性，这对初创团队来说，一定会是一个巨大的阻碍。

反过来讲，如果创始团队具备大格局，就可以在一开始给企业定下一个有前景、有潜力的发展方向，接下来要做的就是逢山开路、遇水搭桥，按部就班地执行战略即可。李帅经历过前几次创业失败，在格局上充分吸取教训，并总结出两个观点。第一，如果能够在当前的领域内赚到钱、做到赛道内的第一名，那么就去做。第二，如果只是能够做大做强，却不容易变现，那么就要慎重决定。

问题九

学员提问（王锐旭　九尾科技创始人）

初创企业应该如何制定一个适合自己的战略？

吴世春答

在阳明心学中有这样一个观点：“知是行之始，行是知之成。”用现在的话说就是知行合一。在我看来，战略就是知行合一。创业者基于现阶段积累的认知和对市场趋势的判断，再结合企业的状况，进而制定一个有利于企业发展的战略。

在这个过程中，有几个关键点需要强调一下。

首先，不存在客观意义上最完美的战略，只有最合适自己的战略。很多创业者拿着自己的战略策划来询问我的意见，更多的时候，我是作为一个旁观者帮助大家分析市场、趋势和环境，至于如何与自身企业相结合，需要各位认真思考和判断。

其次，创业者应该锻炼四种战略能力，即战略思维能力、战略机会把握能力、战略布局能力和战略耐力，它们贯穿于一个战略从思考到制定再到落地的全过程。

最后，我最想告诫各位创业者的是，战略不能求奇求速，朴实的、有实际操作价值的战略才是创业者最应该追求的。

问题十

学员提问（吴德堪　迷之游戏创始人）

想请教一下吴老师对于创业和生活关系的理解。

吴世春答

在我看来，创业是生活的一部分。创业者在创业过程中积累下来的认知力、心力、心态等素质，最终也一定会应用到生活中。而在生活中学习的经验和能力，也有助于推动创业的发展和进步，所以二者是相辅相成的。

给大家举个例子，头文科技的创始人易露玉在一开始设定企业的目标时，就给整个团队定下“开心第一，能力第二，赚钱第三”的基调。这与很多创业者建立公司的初衷和理念都不同，毕竟在更多人的认知里，盈利才是公司最应该追求的目标。

头文科技为自己的目标打造了独树一帜的“快乐文化”，这么做的一个结果就是，头文科技的团队保持了强大的战斗力，为企业发展成长贡献源源不断的力量。

所以我想告诉大家，商场的确是逐利为上的，但不应唯利是图。创业是生活的一部分，我们应该让物质丰盛与精神愉悦和谐共存，相互促进。

参考文献

[1] 王阳明．中华经典藏书：传习录［M］．海口：南海出版公司，2015.

[2] 王觉仁．王阳明心学［M］．北京：民主与建设出版社，2015.

[3] 度阴山．知行合一王阳明［M］．北京：北京联合出版公司，2019.

[4] 冈田武彦．王阳明大传：知行合一的心学智慧［M］．杨田，冯莹莹，袁斌，译．重庆：重庆出版社，2018.

[5] 冈田武彦．王阳明与明末儒学［M］．吴光，钱明，屠承先，译．重庆：重庆出版社，2016.

[6] 冯友兰，等．知行合一：国学大师讲透阳明心学［M］．北京：台海出版社，2016.

[7] 吕思勉 . 从宋明理学到阳明心学［ M ］. 北京：新世界出版社，2017.

[8] 黄仁宇 . 万历十五年［ M ］. 北京：生活 · 读书 · 新知三联书店，2015.

[9] 黄仁宇 . 中国大历史［ M ］. 北京：生活 · 读书 · 新知三联书店，2015.

[10] 黄卫伟 . 以奋斗者为本［ M ］. 北京：中信出版社，2014.

[11] 李善友 . 第二曲线创新［ M ］. 北京：人民邮电出版社，2019.

[12] 吴声 . 新物种爆炸：认知升级时代的新商业思维［ M ］. 北京：中信出版集团，2017.

[13] 刘慈欣 . 三体［ M ］. 重庆：重庆出版社，2008.

[14] 稻盛和夫 . 心：稻盛和夫的一生嘱托［ M ］. 曹寓刚，曹岫云，译，北京：人民邮电出版社，2020.

[15] 吴世春 . 心力：创业如何在事与难中精进 [M ］. 北京：人民邮电出版社，2020.

案例索引

企业案例 01：参半

参半调整节奏，把危机变成机会（12）

企业案例 02：Moody

Moody 的差异化竞争（18）

Moody 的迭代进化（35）

企业案例 03：星河动力

星河动力成立新灵敏组织（21）

企业案例 04：理想汽车

李想的自我开悟（24）

企业案例 05：徕芬科技

徕芬科技的自我进化（31）

企业案例 06：小牛电动

小牛电动的移植进化（33）

企业案例 07：鲨鱼菲特

鲨鱼菲特的群体进化（34）

鲨鱼菲特发展的三个阶段（84）

企业案例 08：找靓机

找靓机跨界进化（36）

企业案例 09：白小 T

白小 T 厚植进化（37）

白小 T 品牌进化的三个阶段（188）

企业案例 10：九尾科技

学会阅读市场，制定更合适的战略（46）

企业案例 11：BuffX

好的战略能让企业避免混乱（52）

企业案例 12：会买车

战略布局成本最低时，就能获得最大的收获（55）

企业案例 13：珞石机器人

珞石机器人坚守战略核心（61）

企业案例 14：奇迹山

奇迹山保持战略专注力，打破市场困局（65）

企业案例 15：木鸟短租

木鸟短租挺过资金荒（81）

企业案例 16：爱数智慧

爱数智慧不服输才能赢（83）

企业案例 17：长欧清北

对事业真正的热爱是创业者最好的动力源泉（87）

企业案例 18：易到用车

合适的赛道，才是最好的赛道（89）

企业案例 19：清泉出山

创业需要热爱和使命感（90）

企业案例 20：群响

对创业保持合理的预期（94）

企业案例 21：热度星选

热度星选打破内卷的三大法宝（96）

企业案例 22：元元宝宝

保持好心态，度过艰难时期（102）

企业案例 23：有车以后

有车以后直面问题，更要解决问题（107）

企业案例 24：微电新能源

陈志勇的自我认知和行业认知（114）

企业案例 25：深度赋智

深度赋智寻找眼里有光的人才（120）

企业案例 26：斐耳

斐耳如何度过业绩低迷的“至暗时刻”（121）

企业案例 27：北京夕航科技

创业要遵循商业的本质（140）

企业案例 28：北极数据

创业要有推到重来的勇气和格局（142）

企业案例 29：恒远科技

恒远科技用格局获取客户认可（145）

企业案例 30：OMG（On My Game）

OMG 满足市场非主流消费者的需求（154）

企业案例 31：花点时间

创业需要一点点的异想天开（159）

企业案例 32：有书

贵人相助能让创业更安稳（162）

企业案例 33：珠海硅酷

珠海硅酷如何积累势能（184）

企业案例 34：头文科技

创业需要补充心灵能量（195）

头文科技在风险中寻找稳定的收益，在稳定中突破风险的机会（202）

企业案例 35：迷之游戏

迷之游戏创业的三要素：与用户共情，选对赛道，躬身入局（197）

企业案例 36：千鸟互联

千鸟互联战略上保持专注，操作时实现多线程（205）

企业案例 37：红盟文化

错误是成长的起点（212）

企业案例 38：轩博啤酒

相信直觉，警惕直觉（216）

后记

创业是一件难事，在如今这个剧烈动荡的环境中创业、求生存更是一件难事。面对逆境的反应与选择，往往是创业者成败、胜负的分水岭。原因在于，随着社会整体对“创业”这件事认知、理解层次的提升，对创业者的要求也会不断提升。一个很明显的对比就是，早年间得益于时代红利，创业者只要有一技之长，便可以在合适的领域内大展拳脚，取得一定的成就。如今，早已经不是“一招鲜，吃遍天”的时代了。现代商业环境要求每一个创业者必须具备从战略能力、心力、认知力，到格局、心态，再到连接能力的整体优良素质，一旦某个层面的能力不足，就可能造成“自适力”出现短板而在市场竞争中失败，乃至创业失败。

需要承认的是，追求成长进化是一种反人性弱点的理念，因为它逼着创业者走出舒适区，不断挑战自己的软肋和弱点，增强相关的能力。在本书的案例中，几乎每一名创业者，包括我自己，都是在经历了一定的苦难和挫折甚至失败后，总结出相关的经验教训，在心力、认知力等一个或多个层面实现了成长，才最终得以完成进化。而那些没能成长进化、拒绝成长进化的人，就只能被淹没在历史的长河中，成为反面案例中的一员。

优胜劣汰，适者生存。商业市场和大自然的生物进化一样，都有着残酷的竞争法则。

如同自然环境总在不断演化，商业市场也在发生或潜移默化或剧烈的变化。这就意味着，不管是成熟的具备生态的大型企业，还是创业者和初创企业，不仅需要在某个具体问题上完成成长进化，需要在更加宏观的层面上，以强大的自适力去完成适应时代背景的成长进化，否则就会被大环境淘汰。

自然界中，一个比较有代表性的例子就是地球上曾经当之无愧的霸主——恐龙，它们处于整个食物链的顶端，统治了地球上亿年，结果还是在环境的巨变中被大自然淘汰了。有些物种则一直延续到了现在。从这种生物更迭的现象中，我们应该领悟一个道理——进化是一个持续不断的过程，而非一个阶段性的结果。

回想商业历史，有多少盛极一时的大型企业黯然退出历史舞台，又有多少商业帝国在一夜之间轰然倒塌，其实追根溯源，它们失败的根本原因就在于自适力和进化的速度跟不上时代发展变迁的脚步。成熟的企业如此，创业者和初创企业更是如此。

唯有进化，才能制胜。